三事忠告

文白对照版

[元] 张养浩 著

中共济南市纪律检查委员会 | 组织
济南市监察委员会 | 编写

山东城市出版传媒集团·济南出版社

图书在版编目（CIP）数据

三事忠告 /（元）张养浩著；中共济南市纪律检查委员会，济南市监察委员会组织编写 . -- 济南：济南出版社，2022.1（2025.11 重印）

ISBN 978-7-5488-4879-0

Ⅰ.①三… Ⅱ.①张… ②中… ③济… Ⅲ.①政治制度－中国－元代 Ⅳ.① D691.2

中国版本图书馆 CIP 数据核字 (2021) 第 251865 号

图书策划　张　柯
责任编辑　范玉峰　董傲囡
装帧设计　胡大伟

三事忠告

出版发行	济南出版社
地　　址	山东省济南市二环南路 1 号（250002）
发行电话	（0531）67817923　68810229
	86131701　86131704
印　　刷	济南新先锋彩印有限公司
版　　次	2022 年 1 月第 1 版
印　　次	2025 年 11 月第 3 次印刷
成品尺寸	185mm×260mm　16 开
印　　张	13
字　　数	180 千
定　　价	68.00 元

（济南版图书，如有印装质量问题，请与印刷厂联系调换）

编 委 会

官箴一部七百年

在人们的心目中，张养浩常常是作为文学家享誉后世的。不过，只要了解了张养浩的生平，读了他的《三事忠告》，我们就会知道，在著名文学家之外，张养浩还是一位优秀的儒家政治思想传承者。

《三事忠告》包括《牧民忠告》《风宪忠告》和《庙堂忠告》三编，分别成书于张养浩不同的从政时期，体现了作者清正廉洁、勤政爱民、执法为公的思想和心系天下的情怀。无论是单行本还是合集，在元、明、清时期都产生过重大的影响。元代官员林泉生说："余客京师，常于台臣之家见所谓《风宪忠告》者，言风纪要务，凡十章，亦公为御史时作著也。"《三事忠告》在明代流传到海外后，成为日本江户时代幕府政要的必读经典之一。日本前首相大平正芳等政治家都对此书推崇备至。在清代编纂的《四库全书》中，《三事忠告》被收录在"官箴"目下。"官箴"的意思就是对为官从政者的劝勉与告诫，即做官的戒规。全书虽非字字珠玑，却篇篇来自实践。作为从政经验的总结，作者将为政之德、为政之道和为政之术熔于一炉，堪称古代为官者的教科书。在《四库全书·总目》中有这样的评价："其言皆切实近理，而不涉于迂阔。盖养浩留心实政，举所阅历者著之。非讲学家务为高论，可坐言而不可起行也。"

《三事忠告》彰显了儒家修齐治平、仁德为尚、以礼治政、以义为准的官德思想，是儒家官德思想的重要组成部分。作为儒家政治思想的继承者，张养浩善于从正反两方面总结前人为政的成败得失，比如强化各级官员的自律意识和修身意识，是作者一以贯之的思想。在《牧民忠告》中，作者把自我反省放在前面；在《风宪忠告》中，又把"自律"放在第一篇；在《庙堂忠告》中，再把"修身"放在第一篇。作者认为，"盖治法之臣，将以纠奸绳恶，以肃中外，以正纲纪。自律不严，何以服众？"可见作者把加强官员的自我修养和自我约束放在何等重要的位置上。

纵观作者的从政经历，我们不难得出如下结论：张养浩廉洁奉公，鞠躬尽瘁，最后劳卒于救灾任上，真正做到了立德立功立言。《三事忠告》传世几百年，"虽久不废"，自有道理在。这道理就是：张养浩这部官箴著作写得好，而张养浩做得与他写得一样好。正如明代张纶所说："张文忠公《三事忠告》，诚有位者之良规。观其在守令，则有守令之式；居台宪，则有台宪之箴；为宰相，则有宰相之谟。醇深明粹，真有德之言也。考其为人，能竭忠徇国，正大光明，无一不践其言。"

中国共产党人是中华优秀传统文化的继承者。以习近平同志为核心的党中央高度重视汲取中华优秀传统文化精髓，将其融入党内政治文化建设。习近平总书记指出，要坚持古为今用、以古鉴今，善于把弘扬优秀传统文化和发展现实文化有机统一起来、紧密结合起来，在继承中发展，在发展中继承，坚持有鉴别地对待、有扬弃地继承，努力实现传统文化的创造性转化、创新性发展。

济南是国家级历史文化名城，张养浩曾是济南这座名城的"市民"。我们既为拥有这样的同乡感到骄傲，同时又为传承先贤优秀文化遗产而感到责任重大。对于纪检监察干部来讲，研读《三事忠告》，特别是研读作者在监察御史任上写就的《风宪忠告》，体察一位正直的古代监察官员执法办案的经验和思考，更是别有一番滋味在心头。

七百多年过去，张养浩的廉政思想、修身思想、行政伦理思想以及对权力的种种思考，在今天仍然具有积极的现实意义。在建设廉洁政治，一体推进不敢腐、不能腐、不想腐的背景下，让这一部被历代视为"矜式""仕规""良规""法戒"的古代官箴著作，在新时代干部教育中发挥镜鉴作用，从而"以古人之规矩，开自己之生面"，这是我们推出《三事忠告》文白对照版的初心所在。

让我们沿着先贤的足迹，做一次开卷有益的纸上旅行吧。

杨光忠

目录

目录

卷一　牧民忠告

《牧民忠告》四部丛刊本原序

　　《牧民忠告》者，滨国张文忠所著书也。公以道德政事名于天下，其为学则卓乎有所见而不杂于权术，其操行则确乎有所守而不夺于势利。凡见诸论议文字之间，施诸动静云为^❶之际，盖无一不本于仁义孝弟之心也。故自为县令，为御史^❷，为参议中书^❸，为中丞^❹西台，皆即^❺其所行，著之简策，有曰《风宪忠告》，曰《庙堂忠告》，而《牧民忠告》则为令时著也。闲尝尽得而读之，废书而叹曰："是何忠厚之至哉！"因记弱冠^❻时，先子^❼文靖府君语师泰曰："我昔在朝，当皇庆延祐间人物最盛，一时相知固不少，然求其志同道同者，莫清河元复初、济南张希孟若也。二人尝联镳^❽过我，慷慨论议，日昃^❾不忍舍去，且相顾曰：'世岂复有相得如吾三人？孰先死，则后死者当铭诸使子孙世世无相忘也。'"后三十年，师泰承乏闽海宪使，而公之子惟远亦佥司事。闲语其故，则相对凄怆不已。遂请此书刻诸学宫，以规夫牧民者。呜呼！数年以来，州郡多故，黎民疮痍，每思一贤守令以安靖吾民而不可得，乃知《忠告》之有补于世教也深矣。使天下之为守令者家藏一书，遵而行之，虽单父^❿武城之化不外是矣，奚汉循吏^⓫之足论哉？

　　　　　　　　　　至正十五年秋九月，后学^⓬宣城贡师泰^⓭序。

注　释　❶ 云为：言语动作。

　　　　　❷ 御史：元朝掌纠察百官善恶、政治得失之职。

❸ **参议中书**：官名。元中统元年（1260）置，属中书省，秩正四品。大德元年（1297）定制员额四人，职典左右司文牍，管辖六部，参与军国重事。

❹ **中丞**：官名，御史台副职。

❺ **即**：当时或当地。

❻ **弱冠**：古代男子二十岁行成年加冠之礼，因未及壮年，故称弱冠。

❼ **先子**：对亡父的称呼。

❽ **联镳（biāo）**：相等或同进。

❾ **日昃（zè）**：太阳西斜。

❿ **单（shàn）父**：春秋鲁国邑名。故址在今山东省单县南。孔子弟子宓子贱为单父宰，甚得民心。

⓫ **循吏**：守礼循法的官员。

⓬ **后学**：对前辈学者的自谦之词。

⓭ **贡师泰**：（1298-1362），字泰甫，号玩斋，元朝宁国府宣城（今安徽宣城）人，元代著名散文家。据《元史·贡师泰传》记载，贡师泰于元泰定四年（1327）中进士，曾任吏部侍郎、兵部侍郎，后任礼部尚书、户部尚书。他以文字知名，而于政事尤长，著有《诗经补注》《玩斋集》《东轩集》等。

译　文　　《牧民忠告》是济南张养浩所写的一本书。张养浩被世人所熟知是因为他道德高尚、为官之地政通人和，他对于学问有独到的见地却不以此来操弄权术，他谨守自己的本心从不向朝廷中的权贵低头。不论是他曾发表过的议论文章还是他平时的言语行为，没有一样是不遵从对百姓仁爱、行事存大义、对父母尽孝、对兄长敬爱的行为规范的。因此，张养浩不论是担任县令、监察官还是参议中书、中丞西台时，都将自己在任时的所行著录成书，书名有《风宪忠告》《庙堂忠告》，而《牧民忠告》则是他在做县令时所写的。我曾经得到了张养浩先生的这三本书，并在闲时阅读，不禁放下书感叹："这是多么忠厚的人啊！"于是，我想起在刚成年时，父亲告诉我："曾经，我还在朝中任职时，皇庆、延祐年间有才能的人最多。当时与我结交的人虽然很多，但其中要是说志向和处事方法都相同的也就清河的元复初和济南的张希孟二人。他们二人曾一起来找我，我们一起讨论政事的得失。直到太阳落山了，他们还不愿意离去。而且我们互相看着对方，感叹说：'世上哪有像我们三个这样志趣相投的人呢？如果我们中有人先死了，那么后死的人一定要让自己的子孙记得我们曾经的情谊。'"在后来的三十年间，我担任闽海宪使，而张公的儿子则担任司事，我们闲时聊起父辈们的往事，总是感到内心悲戚。于是，我向皇上请奏将这部书刊刻付印下发到各个学宫，以此来规范担任地方官职的任职者的行为。唉，这几年来，州郡中时常发生祸事，百姓的生活水深火热。每当我希望能有一位贤能的太守来安置百姓却不可得时，才明白张公所写的《忠告》三卷对于弥补学宫中教学的不足有多么深的助益。如果在地方担任太守和县令的官员每人都收藏一本《牧民忠告》且谨遵书中所述为官，那么当年单父、武城的政清人和的景象也不过如此而已。哪里值得汉代那些循吏那么长篇大论呢？

后学宣城贡师泰于至正十五年（1355）秋九月乙巳作序。

拜命第一

导　读　　本章名为"拜命"，即指以官员接受任命的时间点为核心，总共分为六篇，分别是《省己》《克性之偏》《戒贪》《民职不宜泛授》《心诚爱民智无不及》《法律为师》。这一章更多关注为官者的个人素质方面，比如要注意反省自己的问题、不可贪心、要注意克制自己的缺点、爱民如子等。当然，也涉及官员自身知识体系的问题，在《法律为师》篇中就提到了学宫中的学子要加强典章制度的学习。而《民职不宜泛授》篇则是关于地方官员选拔方面的内容，强调对于地方官吏要有清晰的选拔标准，且要将优秀的人才派往地方。

　　这一章突出了地方官员的个人素质对为官的重要影响。首先，担任地方官的人应当是道德水平较高的人。他们能够时常反省自身出现的缺点，并注意克制，不贪污受贿，爱民如子。其次，地方官员应当增加自己的知识储备，尤其是对学宫中教授较少的典章制度方面的内容，更应当注意积累，日后为官将大有裨益。最后，话题还延展到了对于地方官员的选任上，应该为地方官员的选拔制定更为清晰、明确的标准，而且要多选拔优秀的人才参与地方的治理，这样才能实现政治清明、百姓安乐的理想。

省己

命下之日，则拊**❶**心自省：有何勋阀行能，膺兹异数**❷**？苟要其廪禄**❸**，假其威权，惟济己私，靡思报国，天监**❹**伊迩**❺**，将不汝容。夫受人直**❻**而怠其工，儋**❼**人爵而旷其事，己则逸矣，如公道何？如百姓何？

注 释 ❶ 拊（fǔ）：拍。

❷ 异数：特殊的礼遇。

❸ 廪（lǐn）禄：禄米，俸禄。

❹ 天监：上天的监视，亦指朝廷、皇帝的监察。

❺ 伊迩：近，将近，不远。

❻ 直：同"值"，薪水，俸禄。

❼ 儋（dàn）：同"担"，负荷。

译 文 当任职的命令下达之时，要扪心自问，反省自己：有什么样的功勋和能力能够得到这样的奖赏？如果得到了俸禄，拥有了权力，却只顾着满足自己的私欲，而不考虑如何报效国家，那么上天也会监视着你的一举一动，必然容不下你了。如果领着俸禄却消极怠工，承担了爵位却不愿履行职责，自己的生活确实安逸了，但是国家的事情又该怎么办？百姓又该怎么办？

解 析 本篇指出为官者要时常进行自我反省：得到了提拔要反省自己曾经的作为是否配得上这样的晋升，已为官者是否曾滥用手中的职权为自己谋私利，为官者是否消极怠工。短短几句话便指出为官者需要注意的问题：不可以权谋私；不可消极怠工；即使在工作中取得了一定的成绩也要自省是否德不配位。唯有如此，才能使百姓安居乐业。

克性之偏

夫及❶物之心，人孰不有？第❷材质强劣有所不同。苟即❸其所短而痛自克治，则官无难为，事无不集者矣。弛缓克之以敏，浮薄❹克之以庄，率略❺克之以详，烦苛❻克之以大体。苟不度❼所任，一循己之偏而处之，鲜有不败者矣。古人佩弦佩韦❽，亦皆此意。今人往往读书无益，莅官不才者，皆由狃❾于习，而不知痛自克治故也。

注 释　❶ 及：达到。

❷ 第：但。

❸ 即：靠近。

❹ 浮薄：轻薄，不朴实。

❺ 率略：粗疏，疏忽。

❻ 烦苛：烦琐苛细。

❼ 度：考量，计算。

❽ 佩弦佩韦：弦指弓弦，韦是兽皮，弦紧皮软，喻性子急缓不同。古人佩弦来警戒自己的性缓，佩韦以警戒自己的性急。

❾ 狃（niǔ）：因袭，拘泥。

译 文　　　施泽于万物的心思，哪个人没有呢？只不过人的气禀材质的强弱优劣有所不同。如果一个人能够直面自己的不足，痛下功夫自我克除，那么当官就没有什么难的，事情也没有什么是不能成功的。如果平日行事太过拖延，就要提醒自己做事快点；如果平日行事太过轻浮，就要提醒自己时刻保持庄重；如果平日行事过于粗心，就要提醒自己心思要细致；如果平日太过注重细节，就要提醒自己多从全局把控。如果不考察自己是否符合在任的要求，却一味地按照自己的想法行事，能成功的人很少。古代的人佩戴弓弦和兽皮也是用来警示自己性缓或性急的意思。现在那些读书没有得到助益、做官没有政绩的人，往往都是安于自身的某些不好的习惯，却不知道克制自己，改正缺点。

解 析　本篇指出人要注意自己身上的缺点，并努力来改正。每个人都有缺点，也会有追求物质的欲望，但如果想要取得成功就必须认识到自己的缺点并努力去改正，就像古代的人在身上佩戴弦和韦，也是为了提醒自己改正性子中或和缓或急躁的缺点一样。

戒贪

普天率土，生人无穷也。然受国宠灵❶而为民司牧者，能几何人？既受命以牧斯民矣，而不能守公廉❷之心，是自不爱也，宁不为世所诮❸耶？

况一身之微，所享能几？厥心溪壑适以自贼。一或罪及，上孤国恩，中贻亲辱，下使乡邻朋友蒙诟包羞。虽任累千金，不足以偿一夕缧绁❹之苦。与其戚❺于已败，曷若严于未然？嗟尔，有官所宜深戒。

注　释

❶ 宠灵：恩宠光耀，得到恩宠福泽。

❷ 公廉：公正清廉。

❸ 诮（qiào）：责备。

❹ 缧（léi）绁（xiè）：古时捆绑犯人的绳索，引申为监狱。

❺ 戚：忧愁，悲哀。

译　文

在这天下间有无数的百姓，然而，其中能够受到朝廷的信任当上地方官的又有多少？既然得到任命来治理百姓，却不能一心为公，廉洁清明，这是不自爱的表现，怎能不被世人责备呢？何况以一人的微薄之躯，又能享受多少荣华富贵？心是永远填不满的溪壑，贪欲是永远得不到满足的，不加以控制，就等于自己毁灭自己。一旦贪贿，被查处判罪，对上有负国家的恩典，中会给亲友带来耻辱，下使乡邻朋友蒙受诟病、忍受耻辱。即使在任时得到千金万银，也不足以抵消牢狱之苦。与其担忧自己因贪污受贿而身败名裂，哪比得上从一开始就加强防范呢？唉，所有的官员都应将这一点烙印在心中，以此为戒。

解　析

本篇叙述为官时不可贪图金银，要奉公守法。为地方一任官员的人如果不能廉洁奉公，终将被查处，那时不但享用不到自己贪污的金银，还会面临牢狱之灾，同时自己的父母、亲族也会被人指责。而官员在任时贪污，同样面临着可能被稽查的境况，整日惴惴不安，倒不如秉守住自己的公廉之心来得坦荡。因此，本篇告诫为官之人切不可贪图一时的财宝而毁掉自己的前程以及自己和亲人的名誉。

民职不宜泛授

今选官者，大率重内而轻外。殊不知❶汉宣帝所以富民，唐太宗所以家给人足，皆由重牧民❷之长故也。呜呼，牧民之长，其重若此，乃泛焉而选，懵焉而授，奚为不是虑❸也哉？

注　释　❶ 殊不知：竟不知道。

❷ 牧民：治理人民，管理民事，指担任地方官吏。

❸ 虑：担忧。

译　文　现在负责选拔官吏的人，大多数对于选拔朝廷中的官员很重视，却忽视了对于外放的地方官的选任。他们竟然不知道汉宣帝时之所以能出现百姓富足的景象，唐太宗时之所以百姓安居乐业，都是因为汉宣帝和唐太宗重视地方官员的选拔。地方官员的选拔如此重要，但现在却出现了选拔标准混乱且随意授予地方官职的情况，怎么能不让人担忧呢？

解　析　　　本篇主要讲重视对地方官吏的选拔。地方官吏是百姓的直接领导者，其选拔方式应当更为严格，这样才能做到百姓安居乐业，朝廷政绩稳固。文中亦指出对于地方官员选拔过程中存在的问题：一是优秀的人才都集中到朝廷中，而地方官任上的官员则素质较差、能力较弱；二是对于地方官员的选拔缺少清晰的标准。

心诚爱民智无不及

　　赤子之生无有知识，然母之者常先意得其所欲焉，其理无他，诚❶然而已矣。诚生爱，爱生智。惟其诚，故爱无不周❷；惟其爱，故智无不及。吏之于民，与是奚异哉？诚有子❸民之心，则不患其才智之不及矣。

注　释　　❶ 诚：真心。
　　　　　　❷ 周：完备，周到。
　　　　　　❸ 子：把……当儿子。

译　文　　　　小孩子刚生下来时什么都不懂，但是他的母亲却常常能够先于别人知道他想要的东西。这是因为母亲是真心实意地爱着孩子的，没有其他的原因。诚心能够产生爱，爱能够产生智慧。只有做到诚心，才能够无微不至地爱一个人；只有爱一个人，才会拥有考虑得面面俱到的智慧。而地方官吏与百姓之间的关系，与这又有什么区别呢？只要真正具有爱民如子之心，就不必担心自己的才智难以胜任。

解 析　　本篇主要指出地方官吏需要有像母亲爱自己的孩子那样的爱民之心。地方官吏只要诚心爱护自己辖区内的百姓，就能够在问题萌芽之际抢先一步遏制，并且能够想民之所想，急民之所急，使自己辖区内的百姓太平安康。

法律为师

　　吏人盖以法律为师也。魏相❶所以望隆当世者，汉家典故无所不悉❷也。凡学仕者，经史之余，若国朝以来典章文物❸亦须备考详观。一旦入官，庶❹不为俗吏所迁❺也。

注 释　　❶ 魏相：西汉大臣。字弱翁，济阴定陶（今山东定陶西北）人，徙平陵（今陕西咸阳西北）。举贤良，为茂陵令。后迁河南太守，抑制豪强势力。宣帝即位，任大司农，迁御史大夫，继为丞相，封高平侯。主张整顿吏治，考核实效，多被宣帝采纳。卒于官。

　　❷ 悉：知道。

　　❸ 文物：礼乐典章。

　　❹ 庶：表示希望发生或出现某事。

　　❺ 迁：曲折、绕远；拘泥保守、不切实际。此处指被隐瞒欺骗。

译 文　　官吏应当以法律为处理公务的准则。魏相之所以在当时具有很高的威望，是因为他对于汉代开国以来的典故没有不知道的。但凡是将要进入官场的学子，除了要学习经书和史书外，还应该详细地阅读开国以来的典章制度。这样，当成为官员时，就能不被手下的属吏所欺瞒诬骗了。

解 析　　本篇意在提醒学子，不仅要学习经、史，还要学习典章制度和法律，否则当成为一任官员时可能造成府衙中事务无法正常运行，甚至会被吏员诬瞒欺骗的情况。此篇主要反映了在科举考试的过程中，学子的主要考试内容为经书，导致为官者对于社会中存在的切实问题和府衙的运作流程所知甚少，故而常被属吏欺骗。因此，作者告诫学子要重视对于典章制度和法律的学习。

上任第二

导　读　此章内容主要为初到任时，地方官员所应注意的事情。第一篇为《事不预知难以应卒》，即提醒新到任的官员在审案前一定要做好充分的准备。第二篇《受谒》则是说官员新到任时面对府衙内的吏员的情况，既不可与吏员太过疏远导致工作无法进行，也要警示吏员不要作奸犯科。第三篇《治官如治家》是提醒地方官员，虽然地方上的事情繁杂如一团乱麻，但绝不可因此而粗心大意，必须了解地方上的情况才能够着手处理，否则会事倍功半。第四篇《瘴说》将偏远地区的瘴气与官场上的污秽之气相类比，警示为官者不要总因条件艰苦而不愿到偏远地区赴任，反而应当警惕官场上的乌烟瘴气。第五篇《禁家人侵渔》提醒为官者警惕自己家人的作为。若是家人在一县中作威作福，即便本人夙兴夜寐也难以将辖区治理好，甚至还可能会出现怨声载道、民不聊生的情况。第六篇《告庙》是向任职官员指出，若到一个新地方上任，一定要及时向城中所敬之神祭祀，此举对于百姓的教化大有好处。

此章中均是关于新上任的官员所要注意的事情，从如何处理案件，如何与吏员相处，到如何约束家人行为和及时敬神等等，不一而足。同时，这些内容也反映出地方官吏职责多而繁复，关系着一县百姓的生计，需谨慎对待，否则，可能会变得天怒人怨，县令自己也会身陷囹圄。

事不预知难以应卒

比^❶人其境，民瘼^❷轻重，吏弊深浅，前官良否，强宗有无，控诉之人多与寡，皆须尽心询访也。至则远居数舍^❸，召掌之者，语其详，疏其概，先得其情；下车^❹之日，参考以断。若素^❺无所备，卒然至部，听讼之际，百姓聚观，一语乖张^❻则必贻笑阖境。况民心易动，尤在厥初。初焉无以厌服^❼其心，后虽有为，亦将奚信？不然，受其讼而翼日^❽理之亦可，殆不宜轻率应答，使士民失望也。

注　释　❶ 比：及，等到。

❷ 瘼（mò）：病，疾苦。

❸ 舍：古代行军一宿或三十里为一舍。

❹ 下车：官员到任。

❺ 素：向来。

❻ 乖张：不顺，不相合；失当。

❼ 厌服：使信服。

❽ 翼日：明日，次日。

译　文　等到进入所辖境内，人民的生活是否困苦，吏治中有多少弊端，前任官员干得怎么样，境内是否有豪强士族，控诉有冤情的人有多少，这些问题都需要为官者尽心尽力一一查访核实。到了辖区后，先远离府衙独自居住，召集当地的士绅向其详细询问当地的情况。等到到任的日子，根据先前搜集掌握的情况来断案。如果没有做任何准备，到达府衙后马上开始审案，到时候全城的百姓都来围观，一句话说得不对就会被全城的人耻笑。况且，在到任的初期正是民心最容易浮动的时候。如果一开始的时候就没能让民众信服，那么，即便后期有所作为，百姓也不会相信了。如果不这样做的话，也可以先接受诉讼的案件，第二天再进行审理，千万不可以随意开始审案，让城中的士绅和百姓失望。

解析　　此篇所述为到任之时应如何做。首先，到任后的第一次审理案件不可以仓促应付，一定要提前做好准备。可以选择提前几天到辖区了解情况，也可以先接收案件待了解情况后再审理。总之，到任后进行的第一次案件审理关系着为官者是否在百姓心中树立了权威，关系着日后任上的工作能否顺利进行，切不可马虎大意。

受谒

诸执事参谒，不可默然无一言，第❶曰："误蒙国恩，托兹重寄，芒背❷汗颜，期与诸君涤虑洗心❸，以宣大化也。汝或余违，国有常宪，非所敢私，诸君其慎之。"

注　释　❶ 第：次序。

　　　　❷ 芒背：即芒刺在背，像有芒和刺扎在背上一样，形容内心
惶恐，坐立不安。

　　　　❸ 涤虑洗心：指涤除私心杂念，比喻彻底悔改。

译　文　　　在府衙中的各位吏员前来拜谒的时候不可以一言不
发。吏员来参拜时，可以按照下面的这些话说："我虽然
能力不济却承受了皇上的巨大恩典，委托我来担任县令这
样的重任，我感到如芒刺在背，十分汗颜。我希望能与诸
位一起，涤除心中的杂念，一心为皇上教化百姓，使我们
城中的百姓都能安居乐业。不论是我还是你们，如果做了
违反国法的事情，自然有法律来治罪，我是绝对不敢徇私
枉法的，希望诸位在日后的工作中能够谨慎行事。"

解　析　　　本篇所述主要为新官到任时应当如何面对吏员。在与吏员
第一次见面时，距离过近或过远都不好。因此，在到任后与吏
员第一次见面时，可以向其表明态度，主要是与大家同心合力
"以宣大化"，绝对不可以为自己谋私利。若有人谋取私利，
则定会以国法来惩办他。

治官如治家

治官如治家，古人尝有是训矣。盖一家之事，无缓急巨细，皆所当知。

有所不知，则有所不治也。况牧民之长，百责所丛❶。若庠序，若传置❷，若仓廥❸，若图圉，若沟洫❹，若桥障，凡所司者甚众也。相时度力，弊者葺之，汗（汙）①者洁之，堙者疏之，缺者补之，旧所无有者经营之。若曰："彼之不修，何预我事？瞬夕（息）②代去，自苦奚为？"此念一萌，则庶务皆隳❺矣。前辈谓："公家之务，一毫不尽其心，即为苟禄❻，获罪于天。"

注　释　❶ 丛：聚集。

❷ 传置：古代沿途分段置马的驿站。

❸ 仓廥（kuài）：贮藏粮食和草料的仓库。

❹ 沟洫（xù）：田间水道。

❺ 隳（huī）：崩坏，毁坏。

❻ 苟禄：不应得的俸禄。

译　文　古人常常有"治理一地的百姓就像打理一个家庭一样"的训诫。大概是因为，无论事情是缓是急，或大或小，都是应当知道的事情。如果有不知道的事情，就会有难以处理的问题。更何况一任的地方官吏，承担着当地治理过程中的所有责任呢。如学校、驿站、仓库、监狱、开沟挖渠、搭桥设路等等，职责多种多样。为一县之长的人需要按照全县的人力物力进行安排，对于毁坏的建筑要进行修葺，对于脏了的地方要进行清洁，对于堵住的水道要进行疏通，对于缺失的东西也要补上，而曾经本地没有的东西也要鼓励民众进行经营。你如果说：

---

① 此据日本嘉永四年本改。（）内为改正后文字，本书其他地方同此。

② 此据仓田信靖本改。

"这些东西尚未进行修葺与我有什么关系呢？我不过在任几年就会被新的县令取代，又何必给自己找麻烦呢？"一旦萌生了这个念头，全县的政务都会无法进行下去。官场中的前辈曾说过：公家的政务，哪怕有一点不尽心都会被认定为玩忽职守，并因此获罪于上天。

解析　本篇所述为官者应当对县中大小事务都有所了解。以治家来比喻治官，因为家中事务大多烦琐，但哪怕只有一件小事不了解，也可能导致家庭成员在处理问题时产生矛盾。而县令掌管全县的大小事务则更显烦琐，像道德教化、审理案件、来往货商、修桥补路等都属于其职责范围。因此，执掌一县政务的县令必须具备极强的责任心，若是消极怠工，不但全县的政务陷入瘫痪，自己也会身陷囹圄。

瘴❶说

昔人有欲之官而恶其地之瘴者，或释之曰："瘴之为害，不特❷地也，仕亦有瘴也。急催暴敛，剥下奉上，此租赋之瘴；深文❸以逞，良恶不白，此刑狱之瘴；侵牟民利以实私储，此货财之瘴；攻金攻木，崇饰车服，此工役之瘴；盛掐姬妾以娱声色，此帷薄❹之瘴也。有一于此，无间远迩，民怨神怒，无疾者必有疾，而有疾者必死也。昔元城刘先生处瘴海而神观愈强，是知地之瘴者未必能死人，而能死人者常在乎仕瘴也。虑彼而不虑此，不亦左❺乎？"故余具载其言，以为授官惮远避难者之戒。

注　释　❶瘴：指南方山林中湿热蒸郁能致人疾病的有毒气体。

❷特：只。

❸深文：谓制定或援用法律条文苛细严峻。

❹帷薄：帷幕和帘子，借指门内，引申指男女欢合。

❺左：差错。

译　文　　曾经有一个人要到一个地方去做官，却厌恶那个地方瘴气密布。有人劝解他说："瘴气的危害，不只存在于某些地方。官场上也散布着'瘴气'。强征暴敛，盘剥自己治下的百姓来向上司请功，这是存在于租税方面的'瘴气'；用细密严苛的法律来管理百姓，使其动辄得咎，这是存在于刑狱方面的'瘴气'；盘剥民众的利益，将其纳为己有，这是存在于经济方面的'瘴气'；大兴土木，喜欢好看华贵的服饰，出门追求大的排场，这是存在于调度工匠方面的'瘴气'；享受姬妾环绕，整日声色犬马，这是存在于内宅之中的'瘴气'。无论远近，若是在任上如此行为的话，必然会招致民怨神怒，哪怕是原本没有问题的地方也会产生问题，而原本就有问题的地方则会脱离地方官的掌控。过去北宋的元城先生刘安世，居住在有瘴气的地方，但他的神志却更加清明。这是因为他知道，某一地存在瘴气未必会致人死亡，但官场中若是布满'瘴气'，则必然会民不聊生。只考虑所居之地是否有瘴气，却不考虑官场中是否存在'瘴气'，不是大错特错了吗？"所以，我把他的言论尽数记录下来，为那些不愿到偏远地区做官的人做出劝诫。

解 析　　本篇是针对为官者不愿到偏远的地方去的情况而作的，由"地瘴"引申出"仕瘴"，并进行比较。其中指出，地方上存在的瘴气并不足为虑，真正值得忧虑的是存在于官场中的"瘴气"。朝廷中的部分官员，在任之时随意盘剥百姓，严刑峻法，中饱私囊，整日纵情于声色犬马。这样的行为方式会导致民不聊生，比之有瘴气之地更加可怖。

禁家人侵渔❶

　　居官所以不能清白者，率由家人喜奢好侈使然也。中既不给，其势必当取于人，或营利❷以侵民，或因讼而纳贿，或名假贷，或托姻属，宴馈征逐，通室无禁，以致动相掣肘，威无所施。己虽日昌民则日瘁❸，己虽日欢民则日怨，由是而坐败辱者，盖骈首骊踵❹也。呜呼！使为妻妾而为之，则妻妾不能我救也；使为子孙而为之，则子孙不能我救也；使为朋友而为之，则朋友不能我救也。妻妾、子孙、朋友皆不能我救也，曷若廉勤乃职而自为之为愈也哉？盖自为，虽阖门恒淡泊而安荣及子孙；为人，虽欢然❺如可乐而祸患生几席也。二者之间，非真知深悟者，未易与言。有官君子，其审择焉。

注 释　　❶ **侵渔：**侵夺，从中侵吞牟利。

　　❷ **营利：**谋求私利。

　　❸ **瘁（cuì）：**疾病。

　　❹ **骈（pián）首骊（lí）踵（zhǒng）：**同骈肩累踵、摩肩接踵，原指马匹头靠头、脚并脚，形容人多拥挤。

❺ **欢然**：欢欣的样子。

译 文　　那些当官时无法廉洁奉公的人，大多数都是因为他的家人喜好奢侈。而当官的俸禄既然无法满足奢侈的生活，那么他们必然会从百姓中谋取私利，有的人压榨百姓谋取私利，有的人在打官司的时候收受贿赂，有的人用放贷为掩护侵吞他人财产，有的人则委托亲属帮助，在大小宴席上互相逐利，百无禁忌，以至于为官者被自己家人掣肘，难以公正处事。为官者虽然每日为百姓生计操劳，但百姓的生活却一日不如一日；虽然希望百姓富足安乐，但百姓对他的怨恨却与日俱增。为官者因此而失败受辱，最后乃至被拘禁。唉，如果是为了妻妾而贪赃枉法，（万一事发）连妻妾也不会救自己；如果是为了子孙而贪赃枉法，（万一事发）连子孙也不会救自己；如果是为了朋友而贪赃枉法，（万一事发）连朋友也不会救自己。为了妻妾、子孙、朋友而贪赃枉法，（一旦出事），他们都不会救自己。这样的话，妻妾、子孙、朋友都救不了自己，哪里比得上廉洁奉公更好呢？廉洁奉公，虽然家人的生活恬淡了些，但子孙也能享有好的名声；如果为家人谋取私利，虽然享受了一时的欢欣，但祸患也会相伴而生。如果不是对这两种情况有很深体悟的人，是很难同他说清楚的。做官的人要审慎抉择。

解 析　　本篇所述为约束家人，勿使其与百姓争利，不要让他们以亲属的身份盘剥百姓，也不要让亲属在外招摇生事，成为被围猎的对象。为官者若放任亲属压榨百姓，那么，无论其在任上取得多少政绩都无济于事。为官者只有约束自己的家人，才能摆脱以权谋私的情况，也才能真正做到廉洁奉公。这是地方官员必须要深刻引以为戒的。

告庙

故事，牧民官既上，必告境内所当祀之神，宜以不贿自为誓，庶坚其迁善❶之心焉。尔后虽欲转移，亦必有所畏而不敢。

注　释　❶ 迁善：改过向善。

译　文　按照惯例，当新的地方官员上任，一定要到境内奉祀的神明面前立下誓约，不会收受他人的贿赂。官员要力持维护自己改过向善的心，这样，即便他日后有所动摇，也会因为有所敬畏而不敢为恶。

解　析　此篇所述，为地方官拜神敬庙的重要性。官员要礼敬当地神灵，以在神前发誓的形式来约束自己的言行，使自己心有畏惧、公正为官。因此，文中会提到当地方官员到任时"必告境内所当祀之神"。

听讼第三

导 读　本章共包含十篇文章，所述之事都是地方长官在审理案件的过程中需要注意的事情。第一篇《察情》指出地方官员在审理案件的过程中不仅要听其言，还要察其色、观其行，以防其虚言诓瞒。第二篇《弭讼》指出了代写讼书这一行业中的弊端：代写讼书的人可能为了赚取更多的银钱而欺瞒百姓，鼓励他们去打官司。因此，地方官员一定要加强对于这一行业的监管，将以权谋私的人及时剔除出去。第三篇《勿听谗》是提醒地方任职的官员警惕擅于强辩的人，他们可能通过污蔑对手来取得官司的胜利。第四篇《亲族之讼宜缓》指出由于与地方官员存在亲缘关系，在处理其案件时，地方官可能会丧失公正的判断。因此，在处理此类案件时，地方官员需警惕，可放缓处理速度，且辅以宽刑。第五篇《别强弱》指出仗势凌人是人之常情，所以地方官员在审理案件时一定要考察提告双方的情况，再做判断。第六篇《待问者勿停留》则一针见血地指出了之所以地方衙门事务繁杂、毫无头绪，大多是拖延怠工之故，只要静心一件件地处理，并不会费多少时日。第七篇《会问》提醒地方官员在审理案件时不可随意动刑。第八篇《妖言》认为对于惑乱百姓的案件的处理一定要秉持将影响降到最低的原则，绝不可大张旗鼓。第九篇《民病如己病》认为地方官员处理地方事务时，对民众遭遇要感同身受，只有这样才能及时解决州县中存在的问题。第十篇《移听》专门提到州郡长官代司宪官员处理案件的代听制度，指出州郡长官决不可为讨好上司而欺压百姓。

这十篇文章基本囊括了审理案件的不同过程，以及在处理某些特殊案件时需要注意的情况，对于当时将到任的地方长官的工作具有很强的指导意义。

察 情

人不能独处，必资❶众以遂❷其生。众以相资，此讼之所从起也。故圣人作《易》，《讼》继以《师》❸，其示警固深矣。夫善听讼者，必先察其情；欲察其情，必先审其辞。其情直其辞直，其情曲其辞曲。政使强直其辞，而其情则必自相矛盾，从而诘之，诚伪见矣。《周礼》以五声❹听狱讼、求民情，固不外乎此。然圣人谓："听讼，吾犹❺人也，必也使无讼乎！"盖听讼者折衷❻于已然❼，苟公其心，人皆可能也；无讼者救过于未然，非以德化民，何由及此？呜呼，凡牧民者，其勿恃能听讼为德也。

注 释 ❶ 资：供给，帮助。

❷ 遂：实现；顺，如意。

❸《讼》《师》：《易经》第六卦为《讼》，象征争论、诉讼，争讼非善事，务必慎重戒惧。《易经》第七卦为《师》，阐释由争讼终于演变成战争，双方需要根据条件的变化而随机应变。

❹ **五声**：审理诉讼的五种方法，即辞、色、气、耳、目。

❺ **犹**：相似，如同。

❻ **折衷**：即折中取正，用为判断事务的准则。

❼ **已然**：既定的事实。

译 文　　人不可能永远独自生活，必然要借助他人的供给，以此来满足自己生活的需要。众人都会为其他人提供帮助，也会接受别人的帮助，而诉讼也从其中出现。因此，圣人创作《周易》，将《讼》置于《师》之后，其中向世人示警的意味本来就很深厚了。善于处理诉讼案件的人，一定会先考察申诉人的内心；想要考察其内心，就要仔细分辨他所说的话。如果他内心的所求是正直的，那么他所说出来的话一定是正直的；如果他的内心藏着不好的想法，也一定能从其话语中听出来。即使他勉强让自己的话听起来很正直，也一定会出现自相矛盾的地方，可以抓住这一点逼问他，究竟是真诚还是作伪自然而然就会显现出来了。《周礼》用五声的办法审理案件，为百姓断明是非，也是这个道理。然而，圣人却说："我能审理案件，与其他人也没有什么不同，一定要让天下没有案件发生！"大概是因为审理案件的人不过是对已经发生的事情做出公正的判断，只要内心坚守公平正义，每个人都可以做到。而若是使得辖区内没有诉讼案件发生，则要将工作做在矛盾尚未发生之时，如果没有用德行来教化百姓，怎么可能做到呢？为官者千万不要因为自己能够处理案件而沾沾自喜啊！

解　析　　本篇中提到了审理案件时的方法。审理者不仅要听申诉者说了什么，还要关注他的神态以及内心的真实想法。当然，文中也提到了，案件审理得好不过是对已经发生的矛盾做出判断，而地方官员真正应该追求的是防患于未然，在以德化民方面做出成绩。

弭讼

起讼有原❶，书讼牒者是也。盖蚩蚩之氓暗❷于刑宪，书讼者诚能开之以枉直，而晓之以利害，鲜有不愧服两释而退者。惟其心利于所获，含糊其是非，阳解而阴嗾❸，左纵而右擒，舞智弄民，不厌❹不已。所以厥今吏按，情伪混殽、莫之能信者，盖职❺乎此也。大抵一方之讼，宜择一二老成炼事者，使书之，月比而季考，酌其功过而加赏罚焉。若夫殴詈❻假质，凡不切之讼，听其从宜❼，谕遣之。谕之而不伏❽，乃达于官；终无悛心❾，律以三尺❿。如此，则讼源可清，而民间浇薄⓫之俗庶几乎复归于厚矣。

注　释　　❶ 原：最初，开始。

❷ 暗：愚昧，糊涂。

❸ 嗾（sǒu）：教唆，指使别人做坏事。

❹ 厌：满足。

❺ 职：关键。

❻ 殴詈（lì）：打骂。

❼ **从宜**：适宜的做法。

❽ **伏**：屈服，承认错误或受到惩罚。

❾ **悛（quān）心**：悔改之心。

❿ **三尺**：古时以三尺竹简书写法律条文，因以指法、法律。

⓫ **浇薄**：社会风气浮薄，不淳朴敦厚。

译 文　　诉讼的源头就是为百姓写讼书的人。大概百姓对于刑法所知不多，为他们写讼书的人如果能够适时地开解，告诉他们究竟是谁对谁错，大多数人都会感到惭愧并佩服写讼书的人，之后便会各让一步而避免诉讼的。只不过写讼书的人一心只想着自己能够多挣钱，于是并不明说谁对谁错，表面上开解，实际上却唆使他们打官司，左右逢源，利用自己所知的刑狱知识愚弄百姓，如果拿不到自己满意的报酬就不停止。所以，当今府衙的属吏将案件的真伪混淆视听，令人难以相信，大概关键就在这里。对于写讼书的人，要在府衙中选择一两个老成持重、做事练达的人，每月、每季都对他们的工作进行考核，按照功过进行奖赏和惩罚。诸如打骂、制造假证等，凡是不合理的诉讼，应当采取适宜的做法，用道理开喻他并遣散他。如果这样，他仍然不承认错误，就需交由县令审理，若还没有悔过之心，就应当用法律来处罚他。这样一来，写讼书这一环节的污秽之气便可以肃清了，而本县中浮薄的风气也可以重新变得淳朴敦厚了。

解析　　　本篇主要阐述如何解决府衙内写讼书的过程中的问题。文中提到案件的起始之处便是讼书的写作，因此许多负责写讼书的人为了赚取更多的钱财，颠倒黑白、混淆视听，而百姓因为不了解刑狱而往往被他们蒙骗。因此，府衙对于此项工作一定要时时查检、考核，对于借写讼书而为自己谋取私利的人要及时处理。此一职位的意义在于，若能在写讼书时便可为百姓答疑解惑，而非挑唆百姓多与他人打官司，对于当地的社会风气的改善是大有助益的。

勿听谗

　　健讼者❶理或不胜❷，则往往诬其敌尝谤官长也。听之者当平心易气，置谤言于事外，惟核❸其实而遣之，庶不堕奸民计中矣。

注释　　❶ 健讼者：指喜好争讼、擅长打官司的人。

❷ 胜：占优势。

❸ 核：检查，核验。

译文　　　擅长讼辩的人，在道理上可能并不占优势，却常常会污蔑他的敌对方曾经说县令的坏话。听到这样话的县令需要使自己的内心保持平静，把那些坏话抛开，只检查案件中双方的申诉是否符合事实。只有这样，才能不中奸诈小人的诡计。

解 析　本篇所指是地方官在审理案件中需要注意的问题。在案件审理过程中，某一方或许理亏，却强于抗辩，甚至会采取污蔑对方的方式。因此，地方官不要听信谗言，而应平心静气地揭示事情的真相。

亲族之讼宜缓

亲族相讼，宜徐而不宜亟❶，宜宽而不宜猛。徐则或悟其非，猛则益滋❷其恶。第下其里中❸，开谕之，斯得体矣。

注 释　❶ 亟：急切、急迫。

❷ 滋：增益，加多。

❸ 里：乡里，街坊。古时五家为邻，五邻为里。

译 文　处理乡里家族内部成员之间的官司，最好徐缓而不应急迫，最好宽松而不应严厉。徐缓的话就可能使他们悔悟，严厉的话反而助长了他们之间的怨恨。但到乡里去开导他们，才是适宜的做法。

解 析　本篇所述为在任地方官碰到乡里家族成员之间的案件时应当如何处理。作者特别强调在处理这样的案件时不要着急，先理清案件的来龙去脉，一点一点地处理。通过长时间的观察与了解，可以帮助官员理清案件中亲族成员之间错综复杂的情况。在面对这种情况时，地方官若能在公堂之外，到街坊邻里之中去，对双方先行开导，晓之以理，也更有利于案件的解决。

别强弱

世俗之情，强者欺弱，富者吞贫，众者暴❶寡，在官者多凌❷无势之人。听讼之际，不可不察。

注　释　❶暴：凶狠，残酷，有欺负之意。
❷凌：侵犯，欺压。

译　文　强者欺负弱者，富人吞没穷人的财产，人多的总会欺负人少的，当官的人大多会欺压无权无势的人，这是世俗常情。因此，地方官员在断案的时候不可以不考虑这些情况。

解　析　此篇告诫地方官员在审理案件时，必须考虑案件双方的势力是否对等。若是其中有一方明显强于另一方，那么无论其说法听起来多么在理，都有可能是强大的一方仗势欺人。

待问者勿停留

昔尝使外，所过州县，待问者云集乎门，每病❶焉。乃命一能吏，簿❷其所告而日省之，而日遣之，不浃❸旬❹，则讼庭阒然❺矣。

注　释　❶ 病：担忧。

❷ 簿：本子，籍策，此处用作动词。

❸ 浃（jiā）：整个儿的，浃旬，一整旬。

❹ 旬：十日为一旬，一个月分上中下三旬。

❺ 阒（qù）然：寂静的样子。

译　文　我曾经到外面巡察，发现有的州县，等待案件处理的人都聚集在衙门外，我每每为此感到担忧。于是，我挑选了一个能干的书吏，把他们要提告的内容记录下来，每天待在府衙中处理，处理完一个案件，就会让提告的人回去。每日如此，不超过十天，衙门口就没有人聚集了。

解　析　本篇所述为官员不要拖延案件的处理，作者列举了其外巡时的情况。衙门中的案件堆积如山，而地方官不及时处理，作者不过是用了十天的时间集中处理，案件便都解决了。因此，当县中有案件发生时，一定要即刻去处理，省得像滚雪球一样越来越多，导致自己的工作如一团乱麻，毫无头绪。

会问

讼有相约而问者，不可乘一时之忿，擅加榜掠❶也。若释道，若兵卒，诸不隶所部者是已。

注　释　❶ 榜掠：古代一种刑罚，捶击，指拷打。

译　文　如果案件双方一起来问案情的话，不可以因自己的一时气愤，而对提告的双方用刑，严刑拷打。像僧人、道士、兵卒等，都不归当地的县令管辖。

解　析　本篇所述为地方官员在审理案件时不可以凭一时的意气对提告双方随意用刑。此外，还提醒地方官员，僧、道、兵都不在其管辖范畴，不可越界。

妖言

民有妖言❶惑众者，则当假以别罪而罪之。如有妄❷书，取而火之，则厥迹灭矣。勿使蔓为大狱，延祸无辜。

注　释　❶ 妖言：怪诞不经的邪说。
❷ 妄：荒诞不合理，不实。

译　文　　　　如果有人传播荒诞的说法来迷惑百姓，应当借用别的罪名来处罚他。如果发现了记载荒诞言论的书，应当将其收集起来焚烧殆尽，清理其踪迹，不要让其蔓延成大案件，致使许多无辜的人遭到灾祸。

解　析　　　　此篇提到文化传播方面，不管是有人妖言惑众，还是有"妄书"出现在市面上，地方官对于此事进行处理的原则是要将影响降低到最小。如果是有人妖言惑众，就用其他罪名来处罚他；如果市面上出现了"妄书"，就全部销毁。这样做是为了不再扩大这些歪理邪说在民众中的传播范围。

民病如己病

民之有讼，如己有讼；民之流亡❶，如己流亡；民在缧绁，如己在缧绁；民陷水火，如己陷水火。凡民疾苦，皆如己疾苦也。虽欲因❷，仍可得❸乎？

注　释　　❶ 流亡：因在本乡、本国不能存身而逃亡流落在外。

❷ 因：依，顺着，沿袭。

❸ 得：接受，满意。

译　文　　　　百姓有官司在身就如同自己有官司在身，百姓被迫逃亡流落在外就如同自己流落在外，百姓被关在监狱中就如同自己被关在监狱中，百姓的生活水深火热就如同自己的生活水深火热，但凡是百姓遭受的困苦都像是自己遭受困苦一样。在这样的思想指导下，就算地方官员想要因袭曾经不管不问的工作方式，也是不可能的了。

解 析　　此篇提出，地方官员对百姓的遭遇要感同身受。对于地方官来说，如果只是将自己当成辖区内的管理者，在工作的过程中就会容易因袭旧制或是拖延怠工。反之，若地方官员能对百姓感同身受，便能够及时处理地方上百姓所遇到的问题，对工作的开展大有裨益。

移听

　　近年，司宪❶受词讼，往往檄❷州郡官代听之。代听者不可承望风旨❸，邀宠一时，使人茹❹枉受刑，而靡恤阴理❺。

注 释　❶ 司宪：刑部，隋唐至明清中央行政机构的六部之一，掌管全国法律、刑狱等。

❷ 檄（xí）：古代官府用以征召或声讨的文书。

❸ 风旨：意旨，意图。

❹ 茹：吃，引申为忍受。

❺ 阴理：迷信，谓在阴间得到报应。

译　文　　近年来，刑部衙门受理案件往往会让州县的长官代为处理。代为处理案件的官员不可为了向长官请功而揣测上司意图来办案，让百姓平白无故地遭受刑罚，难以申诉冤枉。

解　析　　本篇所指是代听的制度。案件需要由朝廷中刑部衙门来处理的情况，往往已经超越了州县官员的职权，甚至还可能涉及其上司，但代听制度却让这些案件又回到了州县中。但州县的长官在代听的过程中仍要秉公执法，不能因为案件牵涉自己的上司，为了讨好上司，却让百姓遭受冤枉，甚至因此而受到刑罚，申诉无门。

御下第四

导　读　　本章的主要内容为州郡长官对于属下的管理，共有五篇文章。其中，第一篇《御吏》是从整体上来讲，衙门中不可以缺少属吏，但地方长官常常会被手下欺瞒。为了应对这一状况，就需要州郡长官处事严明且时常查检属吏的工作。第二篇《约束》指州郡长官要约束属下的行为，令其不要总到民间去干扰百姓的正常生活，更不可与富家交游索要贿赂、泄露官府机密。第三篇《待徒吏》专门指出了州郡长官要尽量减少府衙中的差役与他人的交往，包括长官自己和辖区内的百姓。第四篇《省事》指命令衙门中的小官处理政务时要制定详细的规程，否则小官们会随意向百姓索贿，更会搅扰得地方不得安宁。第五篇《威严》则表明在管理吏员时需要恩威并施，对于作奸犯科的吏员要及时、严肃地处理。

　　总体来说，作者认为在处理与吏员的关系时，一定要防止他们偷奸要滑、知法犯法，并主张建立足够的威严，使得小官们不敢作奸犯科。

御吏

吏佐官治事，其人不可缺，而其势最亲。惟其亲，故久而必至无所畏；惟其不可缺，故久而必至为奸。此当今之通病也。欲其有所畏，则莫若自严；欲其不为奸，则莫若详视其案也。所谓自严者，非厉声色也，绝其馈遗❶而已矣；所谓详视其案者，非吹毛求疵也，理其纲领而已矣。盖天下之事无有巨细，皆资案牍以行焉，少❷不经心则奸伪随出。大抵使不忍欺为上，不能欺次之，不敢欺又次之。夫以善感人者，非圣人不能，故前辈谓不忍欺在德，不能欺在明❸，不敢欺在威。于斯三者，度己所能而处之，庶不为彼所侮❹矣。

注　释

❶ 馈遗：馈赠。

❷ 少：同"稍"，稍微。

❸ 明：公开，不隐蔽。

❹ 侮：欺负、轻慢。

译　文　　属员是辅佐官员处理事情的人。这样的人在官府办公的过程中是不能缺少的，而且他们和长官的关系也最亲近。因为属员和长官亲近，时间久了一定会无所畏惧；又因为官衙中不能缺少属员，时间久了他们一定会做偷奸耍滑的事情。这是现在普遍存在的问题。想要让属员有所畏惧，就必须处事严明；想让属员在工作时不偷奸耍滑，就必须仔细检查其经手的文书。处事严明的意思并不是要求长官疾言厉色，而是要坚决杜绝收受属员的馈赠；仔细检查属员经手的文书也不是要对其工作吹毛求疵，只是浏览其纲领中有无错漏之处而已。所以天下的事，不管是多么细微，都需要通过文书进行处理，稍微不尽心力就会有人从中偷奸耍滑。处理这样的事情，大概让人不忍心欺瞒于你是最难做到的，其次是让人无法欺瞒于你，之后便是让人不敢欺瞒于你。只有圣人才能做到用自己的德行来感化他人，所以前辈指出，让人不忍心欺瞒于你的关键在于志德高洁，让人不能欺瞒于你的关键在于制度透明，而让人不敢欺瞒于你的关键在于拥有足够的权威。考虑自身的能力，选择这三种中的一种来践行，一定不会被属员欺瞒。

解　析　本篇所述是如何统领下属。地方长官必须依靠下属来帮助处理纷繁的政务，正因为吏员不可或缺，又与长官关系亲密，因此下属有恃无恐，往往会做欺下瞒上的事情。因此，作者提出了两种方法来解决这一问题：一是处事公正严明，二是要时常翻检下属所处理过的文件，确保无错漏之处，防止其钻空子。另外，作者还提出三种防止下属偷奸耍滑的方式：一是通过自身高洁的品德感化他们，使其"不忍欺"；二是制定出一套公开透明的制度，使其"不能欺"；三是树立自身的权威，以威压人，使其"不敢欺"。

约束

诸吏曹，勿使纵游民间，纳交富室以泄官事、以来讼端、以启幸[1]门也。暇则召集，讲经读律，多方羁縻❷之，则自然不横❸矣。

注 释 ❶ 幸：意外地得到成功或免去灾害。

❷ 羁（jī）縻（mí）：羁为马笼头，縻为系牛的绳索，意为笼络控制。

❸ 横：凶暴，不讲理。

译 文 官长要严格约束属员的行为，不能让他们任意在民间活动，以防结纳富户泄露官府秘密、招致争讼事端、为奸邪小人开启进身的门户。若闲暇时，就将属员们召集起来，给他们讲六经和律法。通过多方的约束，他们就不会像以前那样蛮横残暴了。

解 析 此篇所述为长官要注意约束下属。若是任由下属在民间作威作福，与豪富相交，随意泄露官府的机密，那州郡之中的管理必然会陷入混乱。

待徒吏

皂卒徒吏❶，非公故，勿与语；非公遣，勿使与民相往来。若辈小人，威以莅❷之，犹恐为患；一或解严，必百无忌惮矣。

注 释 ❶ 皂卒徒吏：差役。

❷ 莅（lì）：本意是指走到近处察看，也指治理、统治、管理。

译　文　　　对于衙门中的差役，如果不是公事，不要同他们说话；如果不是有公事要派他们去做，不要让他们和百姓有交往。这些人，面对他们保持威严，还担心其惹是生非，一旦不再严格看管，他们必然会没有忌惮了。

解　析　　　此篇主要讲述地方长官对于府中差役的态度。其中作者指出，要隔绝自身与差役，以及差役与百姓之间的往来。地方长官需要对差役严加看管，防止他们惹是生非。

省事

　　为治之道，其要莫如省心，心省则事省，事省则民安，民安则吏无所资。一或纷然，上下胥罹❶其扰也。然事亦有必不能省者，则又在夫措画❷提防之术何如耳。古人谓多算胜少算，少算胜无算，不特❸用兵为然。一役之修、一宴之设、一狱之兴，诚能思虑周详、繁略毕举，则民之受赐不浅矣。某尝为县，胥吏辈❹春则追农以报农桑，夏则檄尉以练卒伍，秋则会社❺以检义粮，冬则赋刍❻以饲尚马，其他若逃兵、亡户、逸盗及积年逋税❼之民，动集百余，不贿不释。某见其然，常挥牍不为署。暇则将一二谨厚吏亲诣其地而按之，可拟者拟，可行者行，由是一切惟以信版集事。吏人失志，百姓获安，至今旁郡以为例。

注　释　❶ 罹（lí）：遭受苦难或不幸。
　　　　　❷ 措画：筹划。

❸ 特：只。

❹ 辈：等，类。

❺ 社：古代指土地神和祭祀土地神的地方、日子以及祭礼。

❻ 刍（chú）：喂牲畜的草，亦指用草料喂牲口。

❼ 逋（bū）税：欠交的租税。

译 文　　治理地方政务，最关键在于省心，省了心事情也就少了，事情少了，百姓生活也就安定了。否则的话，事情千头万绪、纷然杂乱，大小官员也会深受其扰。然而，也有不能简省的事情，这就要看州县长官筹划地方的能力如何了。古人说，多算总强于少算，少算总强于无算，不只是排兵布阵的时候是这样。修筑城池、准备宴席、审理案件，如果真的能考虑周到，把复杂的和简单的情况都想到了的话，百姓会受益匪浅。我在做县令的时候，小官们春天让农户们报告田亩数，夏天组织人练兵，秋天到土地庙去检查义粮数量，冬天就组织交草料来喂战马。还有其他的像逃兵、逃亡的农户、逃跑的小贼和累年逃税的百姓等等，小官们动辄拘禁起百余人，如果这些人不行贿，就不放他们走。我见到这些小官这样行事，就到府衙外办公。有空的时候就亲自领着一两个忠厚老实的吏员去所在地方，把能拟的文件拟好，可以开始实行的就实行。这样一来，一切通过所拟章程的指示来做，小官们失去往日的权威，百姓得到了安宁。直到现在，周围的郡县长官都以此为范例。

解　析　　本篇所说"省事"是在执行政务的过程中制定详细的规程。否则的话，府衙内的吏员会借职权向百姓索要贿赂，劳民伤财。因此，州郡的长官必须时刻约束吏员们的行事，不可让他们随意驱使百姓。如作者在做县令时，就因为手下吏员动辄聚集起百余人，且不断向百姓们索贿，改变了工作方法，让吏员执"信版"办事，简省了工作中的许多流程，百姓也由此而获得安宁。

威严

　　小而为一邑❶，大而为天下，赏罚明则不烦声色而威令自行。人徒知治民之难，而不知治吏为尤难。盖吏与官比，诡诈易生。民远于官，不能知理法，误然而犯，宜若可矜❷。吏则日处法律中，非不知也。小过不惩，必为大患，无所忌惮矣。尝闻治民如治目，拨触之则益昏；治吏如治齿牙，剔漱之则益利。《传》曰："威克厥爱，允济；爱克厥威，允罔功。"法❸此而行，断不至于难治矣。

注　释　　❶ 邑：县。
　　　　　　❷ 矜（jīn）：怜悯，怜惜。
　　　　　　❸ 法：动词，仿效、效法。

译　文　　　小到一县，大到天下，如果赏罚分明，那么不用疾言厉色命令也可以顺利施行。人们只知道治理百姓困难，却不知道治理小官吏们更加困难。如果差吏与官员相勾结，则容易变得狡诈、阴险。而民远离官府，因为不懂得道理和法律，并不是故意要犯罪，还有值得怜悯的地方。差吏们每日都需要处理法律上的事情，并不是不懂法，而是知法犯法。如果不惩罚他们犯的小过错的话，他们以后一定会无所忌惮，惹出大祸事。我曾经听说，治理百姓如同治理眼病，总碰眼睛的话，眼病会更为严重；治理小官则像是医治牙齿，只有将污秽的东西剔掉，漱干净口，牙齿才会好。《左传》中说："严明胜过慈爱，就会建立功勋；慈爱胜过严明，就无法建功立业。"照着这个说法行事，就不会出现难以治理小官的情况了。

解 析　　本篇所述为地方长官如何管理手下的小官吏。衙门中的小官吏若是犯法，属于知法犯法，比之百姓犯法的后果更严重，而且小官吏们也更加知道如何钻法律的空子。因此，对于小官吏，必须时刻保持警惕，在治理的过程中恩威并施。在日常处理政务的过程中，州郡长官必须多关注一些小官吏的行为，若是有贪赃或是犯法的情况发生，则要将其剔除出属吏的队伍。只有这样，才能保证政务有条不紊地推行下去。作者用治民如治目、治吏如治牙齿的比喻手法解释道理，给人以鲜明深刻的印象。

宣化第五

导 读　　本章所述内容主要是教化百姓的，共分为十个部分。第一篇《先劳》是提醒地方官员不要贪图自己一时的安逸却将百姓置于水深火热之中，应以造福百姓为己任。第二篇《申旧制》指出朝廷原本有许多惠民的政策，但由于地方官员的阻拦而未能成行，只要将那些曾经被束之高阁的政策重新开始实行，便可实现大治。第三篇《明纲常》是提出如何解决纲纪混乱的问题：只要公开、严肃处罚严重扰乱纲常的人，便可对其他人起到警示作用，社会风气也就会慢慢转好。第四篇《勉学》指出学校是风化之本，要重视学校。对于学校中存在的问题要及时解决。第五篇《劝农》一针见血地指出了地方官员劝农过程中的弊端，并指出其主要问题是官员的表面工程，实际上最好的做法是不要影响农民耕作。第六篇《服远》是针对边远地区的治理。在文中，作者提出针对边远地区民风彪悍的问题，地方官员可以采取在做好本职工作基础上与百姓互不干扰的方式，时间长了之后，百姓自然会接受地方官员的领导。最后，作者还提醒到边远地区任职的官员切不可贪功冒进。第七篇《恤鳏寡》提出了对于既没有劳动能力又没有亲人供养的百姓的优抚举措，一是地方官员要时常了解他们的情况，二是要注意核查负责这方面工作的官吏有无玩忽职守。第八篇《戢强》提出了如何遏制豪强势力。作者认为豪强的势力主要来自与地方官员的交往，只要地方官自身能做到公正严明，杜绝与其往来，这个问题便不攻自破。第九篇《示劝》提出对于本地品行高尚者给予奖励，以此推动民风开化。第十篇《毁淫祠》提出地方官员要身正信笃，这样才能解决地方上滥设祠庙的问题。

先劳

古之为政者，身任其劳而贻❶百姓以安；今之为政者，身享其安而贻百姓以劳。己劳则民逸❷，己逸则民劳，此必然之理也。惮❸一己之劳而使阖境之民不靖❹，仁人君子其忍尔乎？昔子路问政，而圣人告以"先之，劳之""无倦"。呜呼！此真万世为政之格言也欤！

注　释　❶ 贻：赠给，留下。
❷ 逸：安闲，安乐。
❸ 惮：害怕、畏惧。
❹ 靖：使秩序安定。

译　文　古时候掌管政务的人，自己任劳任怨地工作，给百姓留下安宁的生活；现在掌管政务的人，却只顾着自己享受安逸的生活，而把劳苦给予百姓。各州郡的长官，如果自己劳苦了，那么百姓就能生活安定；如果自己只顾着安乐的生活，百姓就会劳苦。这是颠扑不破的道理。仁人君子能够忍心因为害怕自己辛劳而让治下的民众受苦吗？子路向孔子请教为政之道时，孔子回答他要身体力行带好头，要不辞辛劳，而且工作过程中不可以有一丝一毫的懈怠。啊！这真是万世为政的人都应当奉行的格言啊！

解　析　本篇主要是针对州县长官在处理政务时的态度而言的。对于掌管一地大小事务的长官来说，决不可贪图享乐。只有"己劳"才能"民逸"，若是州郡长官只顾着自己享乐，很可能会造成"阖境之民不靖"的情况。

申旧制

朝廷德泽❶，牧民者多屯而不能宣布❷。我朝自世祖皇帝迨今数十百年，列圣相承，何善不施？何弊不治？凡所以保国顺民者，讨论靡遣（遗）①。所谓文武之道❸，布在方册❹，但有司寝废❺而不为申明，遂为坠典❻。苟能揭而行之，则不待他求而治道备矣。

注　释　❶ 德泽：恩德，恩惠。

❷ 宣布：宣扬流布。

❸ 文武之道：周文王、周武王治理国家的方法。

---

① 据文意，该字有遗漏之意，故此处应为"遗"。

❹ **方册**：书籍。

❺ **寝废**：停止、废弃、废除。

❻ **坠典**：已亡佚的典籍掌故。

译 文　　朝廷给予百姓的恩泽，大多都被州郡长官扣下而不向百姓公布。我大元朝自世祖皇帝开国以来，已过了数十年，几位皇帝前后继承，施行善政，去除苛政，涉及延绵国祚、护佑民众的方方面面。周文王和周武王治理国家的方法都需要通过书籍来传播，但有关部门却将记载圣人治理之道的典籍压下废弃，而不将其传播出去，结果造成了典制废亡。如果能将这些典制重新拿出来并遵照施行的话，不需要再做其他事情，治理政务的方法就已经完备了。

解 析　　题目所谓"申旧制"并不是要求朝廷完全按照过去的制度执行，只是因为曾经制定过的好的制度因为种种原因而未能实行。作者正是看到了在治理的过程中，朝廷并非未颁发惠民的政策，但是因为地方官员的私欲却被按住不发，导致民生日益艰难。因此，才有"申旧制"之说。

明纲常

欲先教化，去其敤❶教悖化者，则善类兴矣。近年子叛其父、妻离其夫、妇姑勃蹊❷、昆弟侮阋、奴不受主命、冠履倒置者比比❸皆然。凡若此者，不必其来告，当风乡长恒纠其尤甚者，谕众而严决之，则自慄❹然改行矣。

注　释　❶ 斁（yì）：解除，败坏。

❷ 勃蹊（xī）：吵架、争斗。

❸ 比比：到处。

❹ 慄（sǒng）：同"悚"，恐惧。

译　文　　想要施行教化，必须先严厉惩处违逆教化的人，这样，好的民风自然会兴盛起来。近年来，儿子背叛父亲，妻子离开丈夫，嫂子和小姑子相互争吵，弟弟与兄长反目成仇，奴仆不听主人家命令等等本末倒置的事情时有发生。但凡是这样的事情，都让百姓不必来提告，只要当地主管民风的乡里官员坚持抓住其中特别恶劣的人，在众人面前严肃处罚他，民风自然而然会慢慢变好的。

解　析　　本篇所提出的是社会上违背父为子纲、夫为妇纲等传统纲常伦理的问题。这一问题的解决，若如同寻常案子一样开衙审理，必然会不胜其扰，因此，作者提出可以通过对悖逆教化"尤甚者"进行公开处罚的方式，来警告不遵纲常的百姓。警告的意味非常明显，也能令民风悄然改变，行之有效。

勉学

学校乃风化之本，俗吏多忽焉，不以为务。是不知天秩民彝❶，一切治道胥❷此焉出。暇则率僚寀❸以观讲习，或生徒有未济❹，廪饩❺有未充，祭物有未完，教养有未至，激劝❻有未周，皆敦笃❼以成之。久则弦诵❽之声作，而礼义之俗可兴矣。

注 释

❶ 彝（yí）：常理，法理。

❷ 胥：全，都。

❸ 寀（cǎi）：古代指官。

❹ 济：对困苦的人加以帮助。

❺ 廪饩（xì）：科举时代由公家发给在学生员的膳食津贴。

❻ 激劝：激发鼓励。

❼ 敦笃：笃实敦厚。

❽ 弦诵：弦歌诵读，泛指学校教育。

译 文

学校是民风好坏的根本所在，但一般的官吏却将其忽略，认为学校的工作没什么重要的。他们不知道礼法秩序、人伦纲常和理政的方法都是从此处得来的。闲暇时候率下属一起到学校去看一看，如果发现生活困苦的生员没有领到救济，学校的膳食津贴还未发放，祭品还没准备好，学生的学业未完成，学校对于生员的鼓励不够等情况，都要敦促落实完成。这样一来，时间久了，学校教育步入正轨，民间也会形成一股遵守礼义的良好风气。

解 析　　本篇主要内容为鼓励学校教育。地方长官应当注意当地的学校教育情况，因为学校是"风化之本"，只有学校兴盛才能在当地形成良好的风气。因此，身为州郡长官一定要时常巡查学校，关注贫苦学子的生活问题、学生津贴的发放问题以及学校正常的运行问题等，看是否存在"五未"问题。

劝[1]农

农之勤惰，一岁之苦乐系焉。其所当为，有不待劝焉者。时因行治，视其辍工废业者，切责之。远近闻之，必知自励也。常见世之劝农者，先期以告，鸠[2]酒食，俟郊原，将迎奔走，络绎无宁，盖数日骚然[3]也。至则胥吏童卒杂然而生威，赂遗[4]征取[5]，下及鸡豚。名为劝之，其实扰之；名为优之，其实劳之。嗟夫！劝农之道无他也，勿夺其时而已矣，繁文末节[6]当为略之。

注 释　　[1] 劝：勉励。

[2] 鸠（jiū）：聚集。

[3] 骚然：动乱不安的样子。

[4] 赂遗：赠送财物。

[5] 征取：征收索取。

[6] 繁文末节：过分烦琐的仪式和礼节。比喻琐碎多余的事情。

译 文　　农民是勤快还是懒惰，关系到他一年的生活究竟是富足的还是困苦的。有的农户不用官府勉励就会勤加耕作。州郡长官在外巡察时看到懒于耕作的人必须深切地责备他。这样，附近的人听说这件事后，一定会自己鼓励自己多耕作。官员在劝农时，常常会先提前告知，下属及农户把酒食准备好，在郊外等待，迎来送往、络绎不绝，连续好几天都乱哄哄的。而府衙中的差役聚集在郊外也是威风凛凛的样子，索贿征敛，甚至连一只鸡、一头猪都不放过。这样的情况，名义上是劝农，实际上是给农户添乱；名义上是优待农户，实际上是令农户更加辛劳。唉！其实劝农的方法只要不耽误农户耕作就好，其他的事情并没有什么用，这些多余的事情都应当忽略掉。

解　析　　本篇所述为"劝农"过程中的弊端。农户春种秋收，其收成的好坏不仅关系到农户一家的生活，还关系到地方以及中央的赋税及府衙的正常运行。因此，地方官员在每年春种之前会勉励农户勤于耕作。但在劝农的过程中，多数地方官员也只是进行"面子工程"，排场摆得很大，但实际上不仅没有给予农户好处，反而索取财物、耽误农民耕种。故而，作者提出，其实劝农最好的方法就是不要耽误农民耕作。而且农民的收成本来就关乎其家庭的生活，许多人自身就会自觉耕种，因此，只要在碰到懒于耕作的农户时对其责备、处罚就可以了。

服远

或问："远方獠❶民巢居溪洞，猛不能詟❷，宽不能怀，喜则人，怒

则兽，欲宣朝廷德泽，若之何而可？"余曰："物之凶狼无虎狼若也，然
使之左右前后惟吾之听者，得其制之之术也。夫克刚莫若柔，治繁莫如简，
且彼之所以反侧❸不恒者，亦必有由矣。或贪其财，或蹙其境，或俘其子女，
或蔑其官属，以致蚁结蜂屯，肆其酷毒。苟安之而不扰，外之而无所事，
虽欲忿，然无自而发，政使或尔。但严守己界恬不与校（较）①，久而彼
自驯伏矣。况彼兵一动，守土者非有上命，坐视而不敢前，比许追袭则
已雉兔逃而禽鸟散矣。由是而论，安静不竞者为上，恬无所求者次之，
邀功生事妄开边衅，斯为下矣。官于远方者，尚监❹于兹。"

注 释　❶ 獠：面貌凶恶。

　　　　❷ 詟（zhé）：丧胆，惧怕。

　　　　❸ 反侧：反复无常。

　　　　❹ 监：同"鉴"，参考。

译 文　　　有人问："边远地区的百姓居住在洞穴之中，使用
严刑峻法不能让他们害怕，放宽处罚又不能让他们感恩。
他们高兴的时候是人，生气的时候却如同猛兽一样，如
果想向他们宣扬朝廷的恩泽，应该怎么办呢？"我回答
说："动物中最狼的也不过是老虎和狼了吧，然而要想
让它们每一个动作都听从我的命令，就必须掌握克制住
它们的方法。克制刚强最好的方法是柔软，应对繁杂最
好的方法是简洁，而且边远地区的人之所以会反复无常，
一定是有原因的。要么是官员贪没他们的财产，要么是

---

① 据嘉永四年本改。

毁灭他们的家园，要么俘虏他们的子女，要么杀害他们的下属，导致他们聚集起来，反抗地方官员。地方长官想要安抚他们却做不到，想要杀了他们却又违背了自己的职责。想要他们安定听从命令，只需严格守住自己的职责范围，不与他们计较。时间长了，他们自然会听从长官的命令。况且，如果他们起兵，守城的军队必须听从上司的命令出兵，等到追击他们的时候早就跑掉了。从这一方面来说，最好的办法是不与他们争强，其次是恬淡自得、无欲无求，下策是地方官员想要通过与边民的战争向上司邀功请赏。要到边远地区做官的人可以把这段话作为借鉴。"

解 析　　本篇以问答的形式，为将要去边远地区做官的人提出建议。边远地区民风彪悍，官民关系十分紧张，因此，将要到任的官员决不可采取强硬手段。作者认为，为官者可以严守自己的职责权限，无事不要妄生事端，也不必理会边民的挑衅行为，久而久之，此地也就安定下来了。尤其，作者还警告为官者不要一味想着建功立业，妄开争端，这样只会加深互相之间的仇怨。

恤鳏寡

鳏寡孤独❶，王政❷所先，圣人所深悯。其聚居之所，暇则亲莅之，或遣人省视。若衣粮，若药饵，吏不时给者，纠治之。

注　释　❶ 鳏（guān）寡孤独：《孟子》中提到"老而无妻曰鳏，老而无夫曰寡，老而无子曰独，幼而无父曰孤"，泛指没有劳动能力又没有亲属供养的人。
❷ 王政：王道，仁政。

译　文　　　没有劳动能力又没有亲属供养的这些人，是优先享受国家的仁政的人，也是圣人非常怜惜的人。地方官员对于这些人住的地方，应当在闲暇时多去看看，或者派人去查看。像衣服、粮食、药材这些东西，负责的官吏如果不能及时发放，就要严肃惩治。

解　析　　　本篇所述为对无依无靠的百姓的优抚。其中提到两点：其一，地方官员要多关心其生活，可以亲自去巡查或者派人查检；其二，负责他们的生活物资发放的吏员如果玩忽职守的话，必须严惩不贷。

戢❶强

或谓："民有豪强❷则不能致治。"是殆❸为贪邪之吏而发也。夫豪强之所以敢横者，由牧民者有以纵之也。何也？与之交私故也。苟绝其私，可不动声色而使其胆落。《语》曰："其身正，不令而行。❹"又曰："不怒而民威于铁钺。❺" 信哉。

注　释　❶ 戢（jí）：平息，消灭。

❷ 豪强：强横而有权势的人。

❸ 殆：大概。

❹ 其身正，不令而行：语出《论语·子路篇》。

❺ 不怒而民威于铁（fū）钺（yuè）：语出《中庸》第三十三章。铁，指斫刀；钺，指大斧。铁钺，古代腰斩、砍头的刑具，泛指刑戮。

译　文　　有人说："如果民间有强横而有权势的人，这个地方就无法治理好。"这大概是对贪赃枉法的官员说的。豪强强横的原因是地方官员的纵容。为什么呢？因为地方官员与豪强私下有交往。如果杜绝地方官和豪强的往来，哪怕说话时不改变语气和神态都足以使其害怕。《论语》中说："只要持身公正，无须强制的命令，手下也会自觉执行。"又有一种说法是："不用发怒而百姓的畏惧甚于斧钺的刑罚。"确实如此。

解　析　　此篇讲的是如何抑制豪强的势力。地方上的豪强虽然腰缠万贯，但之所以能够主宰一地之事，归根结底是其与地方官员相交甚笃。如果能够杜绝地方官员与豪强的交往，那么，他们与普通百姓也没有什么区别。若想要地方政治清明，地方官就必须树立起公正严明的形象。

示劝

诸民有旌表❶及学行异众者，时加存慰❷，为劝必多。

注 释　❶ 旌（jīng）表：封建统治者用立牌坊或挂匾额等方法表扬遵守封建礼教的人。

❷ 存慰：存问、慰抚。

译 文　　在百姓之中，如果有学问品行超出了其他人或是已经立了牌坊的人，要时常进行慰问，这样劝勉民众遵守纲常的效果会更好。

解 析　　本篇提出对于已获得奖励的品德高尚者，地方官员要多进行慰问，这对于教化有很大的助益，可以鼓励百姓向受表彰的人学习，以达到"见贤思齐"的目的。

毁淫祠

毁淫祠❶，非烛理明而信道笃者不能，非行己端而处心正者不敢。

注 释　❶ 淫祠：不合礼义而设的祠庙，滥设的祠庙。

译 文　　如果不是明事理又有坚定的信念的人，不能毁掉那些滥设的祠庙；如果不是内心公正、行为端正的人，不敢毁掉那些滥设的祠庙。

解 析　本篇所述为官者自身要心正行端，不要迷信害怕，应带头捣毁百姓所信奉的不在祀典的祠庙。

慎狱第六

导　读　　《慎狱》一章主要讲述了地方官员对于辖区内各种案件应当如何处理，共分为十篇。其中，《存恕》篇提出地方官员可以酌情处理犯法的百姓，若是其有什么不得已的原因，可适当减轻刑罚。《狱诘其初》篇回顾了古人在审理案件时往往会直接向犯人询问案情经过且片言折狱，但这样的方法放在现在已经不合适了。《详谳》篇指出狱卒在审理案件时可能会出现屈打成招或是贪赃枉法的情况，因此，地方长官对于已经审结的案子还需要再细细查验一番，以防冤枉好人。《视尸》篇则警告初为官者一定要重视验尸这一环节，首先要确定好验尸的时间，并且亲临现场进行详细的检查。这其中任何一个环节缺失都可视为渎职，足见验尸之重要。《囚粮》篇所述为县中监狱犯人监毙的情况层出不穷。追根究底，这是因为县令无权判处犯人死刑，但在向州府汇报情况时却被府衙中的差役为难，拖延案子的办理，因此导致并未犯死刑的犯人死在狱中。因此，州府的长官必须注意约束差役，以防草菅人命。《巡警》篇则主要提出了对于偷盗案件的解决之法。作者在文中告诫差役，不要等偷盗案件发生后才去处理，平时要加强对城中的巡逻，防患于未然才是上策。《按视》篇是提醒地方官员要时时到监狱和仓库去巡查，以防差役们懈怠生事。《哀矜》篇以故友段伯英的事例提醒地方官员对百姓要有同理心，这是行王政之本。《非纵囚》篇提醒地方官员古人让犯人回家省亲的制度已经不适合现今施行了，若没有朝廷法令，不可做这样沽名钓誉之事。《自责》一篇则是告诫地方官员若发现自己辖区内百姓穷困潦倒，不可一味怪罪百姓，应当查检自己施政举措的不当之处，及时调整。

存恕❶

人之良，孰愿为盗❷也？由长民❸者失于教养，冻馁之极，遂至于此，要非其得已也。尝潜体其然，使父饥母寒妻子愠见，征负旁午❹，疹疫交攻，万死一生，朝不逮暮，于斯时也，见利而不回者，能几何人？其或因而攘窃，不原❺其情，辄置诸理❻，婴笞关木❼，彼固无辞，然百需丛❽身，孰明其不获已哉？古人谓："上失其道，民散久矣。如得其情，则哀矜❾而勿喜。"呜呼！人能以是论❿囚，虽欲惨酷亦必有所不忍矣。

注 释　❶ 恕：原谅，宽容。

❷ 盗：偷窃财物的人。

❸ 长民：为民之长；官长。古指天子、诸侯，后泛指地方官吏。

❹ 旁午：四面八方，到处；交错纷杂。

❺ 原：谅解，宽容。

❻ 理：狱官，法官。

❼ 关木：门闩。

❽ 丛：聚集。

❾ 哀矜：哀怜，体恤。

❿ 论：看待；衡量，评定。

译　文　　百姓的生活状况若是好好的，谁又愿意去做小偷呢？这是因为地方官员没有好好地治理，造成当地百姓生活困苦，才到了这样的境地，并不是他们自愿的。我也曾体会过这样的感觉：假使父母亲吃不饱，穿不暖，妻子和孩子见到你就生气，各种各样的赋税要交，时不时还会有疫病暴发，九死一生。这种时候，早晨醒来都不知道能不能活到晚上，又有几个人能够见到利益不动摇呢？有人因此而偷窃，但主管官员却不体察他这么做的缘由，动辄将其关进大牢，施以酷刑，这人虽然无法推脱自己所犯的罪行，但那么多需求都集中在自己身上，谁又能不从自身的利益去考量呢？古人说："官员治下失去道义，那么民心就会散失了。地方官在审理案件时如果考察百姓犯法的情由，就会怜悯百姓了。"唉，地方官员如果能这样对待犯人，就算想要使用酷刑，心中也会不忍。

解　析　　本篇所述是地方官员在审理犯人时也要存哀悯之心。有许多人虽然偷盗，但亦是为生活所迫。如果他们不必承受那么多苛捐杂税，不必为饮食和疾病烦忧，也就不会去做犯法的事情。但地方官员却往往不考察其情由，一味地使用严刑峻法，此举不但会加剧百姓生活的不幸，而且对当地的教化也非常不利。

因此地方官员在审理案件时应考察其犯罪缘由，对于不得已而获罪的犯人，量刑时应加考虑。

狱诘其初

狱问初情，人之常言也。盖狱之初发，犯者不暇藻饰❶，问者不暇锻炼，其情必真而易见。威以临之，虚心以诘之，十得七八矣。少萌姑息❷，则其劳将有百倍厥初❸者。故片言折狱❹，圣人惟与乎子路，其难可知矣。

注　释　❶ 藻饰：修饰文辞。

❷ 姑息：迁就，纵容，不加限制，出于照顾或好心肠而迁就或容忍。

❸ 厥初：最初，开头。

❹ 片言折狱：片言：极少的几句话；折狱：判决诉讼案件。原意是能用简单的几句话判决讼事。后指能用几句话就断定双方争论的是非。

译　文　审理案件时要重视开始的情形，这是人们常常说的话。这大概是因为案发之初，疑犯还无暇修饰自己的言辞；而审理案件的人也没有用刑，他的情绪是真实而且容易发现的。这时威严地面对犯人，虚心地诘问，就能够把案情了解十之八九了。如果没有把握住开始的机会，那么官员想掌握实情就需要付出超过当初百倍的劳动了，所以审理案件时只用简单的几句话来判决的方法，孔夫子只把它教给了子路，其难以做到就可想而知了。

解　析　　本篇所述内容为官员在开始时是如何审理案件的。在开始的时候，罪犯未经拷打，更不懂得掩饰自己内心的想法，因此直接向罪犯询问案件情况就可以了。否则会让自己的工作困难上百倍。作者同时指出，片言折狱这样的审问方法是非常困难的。

详谳❶

在狱之囚，吏案虽成，犹当详谳也。若酷吏锻炼❷而成者，虽谳之，囚不敢异辞焉。须尽辟❸吏卒，和颜易气，开诚心以感之，或令忠厚狱卒款曲❹以其情问之，如得其冤，立为辨白，不可徒拘阂❺吏文也。噫！奸吏舞文❻，何所不至哉。

注　释
❶ 谳（yàn）：审判定罪。
❷ 锻炼：拷打折磨。
❸ 辟：同"避"，避开。
❹ 款曲：委婉，耐心。
❺ 拘阂（hé）：亦作"拘碍"，束缚阻碍。
❻ 舞文：歪曲法律条文，徇私舞弊。

译　文　　在狱中的犯人，虽然案卷已经做成，但也应该再详细地审问一下。如果犯人是被酷吏屈打成招的，就算审问，也不敢翻供。这个时候，就需要在审问犯人时避开牢中的差役，和颜悦色，心平气和，以诚心来感化犯人。或者找忠厚老实的差役委婉地向犯人询问，如果知道了犯人的冤情，就要立刻为其翻案，不可以因差役所报公文受限。唉，那些枉法的差役随意歪曲法律条文，还有什么不会做呢。

解 析　　本篇所讲是州郡的长官哪怕是在面对狱吏已经审结的案子，也应当重视复核。其中所反映出的是狱吏在审理案件时贪赃枉法的情况。狱吏一则可以通过屈打成招，让含冤的犯人认罪；二则甚至会通过歪曲法律条文，舞文弄法，诬陷他人犯罪。因此，州郡的长官在面对狱吏已经审结的案子时也不可掉以轻心，一定要再进行详细的审问，发现其中的冤假错案。

视尸

故事，承检尸❶之牒，则刻时而行，重人命也。其或行焉而后时，时焉而不亲莅，亲焉而不精详，罪皆不轻也。其检之之式又当遍者，筮仕❷者不可以不知。

注 释　　❶ 检尸：验尸。
　　　　　　❷ 筮（shì）仕：古人将做官时必先占卜问吉凶，故后称刚做官为"筮仕"。

译　文　　依照惯例，拿到验尸的文牒后要抓紧定时验尸，这是对人命的重视。有人验尸错过了最佳时间，或者时间抓紧了却没有亲自去验尸，或者亲自去验尸却没有仔细查验，这些都是重罪。刚做官的人应当广泛了解验尸的方法，不可以有不知道的情况。

解　析　　本篇所述为验尸时的注意事项，包括要先划定时间，其次必须亲自去验尸，验尸时必须精细等。这其中任何一项没有做到都会是重罪。也因此，刚刚做官的人，需要广泛地了解验尸的流程和方法。

囚粮

天地之德曰好生。圣元体之，以有天下。诸在缧绁无家者，皆给之粮，惟县狱不给也。意❶者县非待报❷之官府，故令略诘其然而上之州。比见为州者，往往为吏之所欺，吹求❸不受，以致瘐死❹于县狱。夫罪不至死，而以己私缪杀之，不仁甚矣。为州若府者，尚深戒之。

注　释　❶ 意：料想，猜想。

❷ 待报：特指州县判决罪人死刑后，申报朝廷，等候批准处决。

❸ 吹求：犹言吹毛求疵。谓刻意寻找毛病。

❹ 瘐（yǔ）死：古代指囚犯因受刑、冻饿、生病而死在监狱里，现在称"监毙"。

译 文　　天地的德行是希望生命能够生存。当今皇上明白这个道理，因此能够坐拥天下。凡是被关在监狱中不能归家的人，都会供给他们粮食，但是县中的监狱不会分配。因为，县令不能定刑，所以县令会大致了解情况后上报给州。但县令在拜见知州时总会被府衙中的差役欺负。他们对县令吹毛求疵，就是不受理这些案件，导致罪犯等不到判决就在狱中暴毙了。犯人罪不至死，差役们却因为一己之私导致其死亡，实在是太不仁道了。在州府中供职的官员和差役，都应当以此为戒。

解 析　　本篇所述为州府的差役为难县令而致县狱中许多犯人监毙的情况。这所显示的仍然是府衙中差役存在的弊端。差役为谋取私利，对前来汇报案件的县令百般刁难，而在这中间所造成的枉死的人不计其数。因此，州府中的官员都应当以此为戒，查检自己的行为，不要因一时之利而罔顾人命。

巡警

诘^❶盗非难，而警盗为难；警盗非难，而使民不为盗尤难。盖天下之事，先其几^❷为之则有余，后其几为之则艰苦而无益。夫盗之发也，恒出不虞^❸。知者防于未然，其防之之术则在广耳目、严巡逻、戒饮博、几（禁）^①游聚。

———————

① 此据仓田信靖本改。

或旬或月，即命尉行境以恐惧之。夫盗犹鼠也，尉犹捕鼠之狸也，勤于出，鼠必伏而不动，狸怠出则鼠必兴矣。彼为尉者，与其劳于已然，孰若警于未发之为愈。若夫使民不为盗，则又在于勤本以致富。勤斯富，富斯礼义生。礼义生，虽驱之使窃，亦必不肯为之矣，故管子谓"仓廪实而知礼节，衣食足而知荣辱"，谅哉。

注　释　❶诘（jié）：谴责，问罪。
　　　　　　❷几：同"机"，时机。
　　　　　　❸虞：预料。

译　文　　　抓住盗贼来问罪并不难，难的是做好防止盗贼偷盗的防范工作；做好防盗工作也不难，难的是让百姓不会去做盗贼。大概天下间的事情，都是在事情发生之前就有准备应付起来就会得心应手，若是在事情发生后才去应对则会非常困难，且对事情的解决没有助益。偷盗案件的发生，大多是因为地方官员没有预料到。明白这个道理的人总会在偷盗案件还未发生时便进行了防范。防范的方法主要是扩大耳目，对地方严加巡查，禁止百姓进行赌博或者聚会闹事，每过十天或是一个月的时间，就让武官在城中大加巡视一番，以此震慑盗贼，令其不敢偷盗。盗贼就像老鼠一样，而武官就像抓老鼠的猫。猫经常出来巡查，老鼠就躲着不敢出来了。如果猫懈怠而不在外巡查的话，那么老鼠就会猖獗。武官与其等偷盗案件发生后再劳神费力进行侦破，不如在偷盗未发生的时候保持警惕更为妥当。如果想让百姓不偷盗，那么就必须通过辛勤地耕作来致富。勤劳就会富有，富有之后便明白礼义了。这时候，就算有人让百姓去偷盗，他们也一定不愿意了。因此，管子所说的"百姓如果能吃饱穿暖的话，自然就会明白礼节、懂得荣辱了"，就是这个道理。

解 析　本篇所述是关于偷盗案件的处理。对于偷盗案件，必须要防患于未然。作者在文中也为地方官员提出了解决偷盗案件的方法。州县的长官要令府衙的武官在街上定期巡逻，并且严厉禁止聚众赌博、饮酒闹事等情况的发生。文中还以猫和老鼠的例子为喻，说明只要武官时常进行巡查，盗贼自然就不敢出来犯案了。

按视❶

狱庭❷时当❸一至也。不惟有以安众囚之心，亦使司狱卒吏辈知所警畏❹，而无饮博喧哗、逸而反狱❺者，是亦先事防之之微意也。仓库同。

注 释　❶ 按视：查看；察看。

❷ 狱庭：关押犯人的处所。亦泛指牢狱。

❸ 时当：适当。

❹ 警畏：警戒畏惧。

❺ 反狱：越狱，在狱内反抗。

译　文　　　地方官员应当经常到监狱去巡查。这样做不仅可以让牢中的犯人安心，也能让在牢中当差的差役们有所畏惧。这样他们就不会因为在狱中当差时喝酒赌博、懈怠职司而导致犯人在狱中反抗了。这样做也有一点做好事先防范的意思。对于仓库的管理也与监狱一样。

解　析　　　本篇所述是地方官员应当如何管理监狱和仓库。对于当差的差役来说，如果没有人时时巡查他们是否尽忠职守，便会懈怠，会因为纵酒赌博而造成无法挽回的损失。因此，地方官员一定要经常巡查，也算是给差役的一种警示——督促他们认真当差。

哀矜

亡友段伯英尝尹巨野，民有犯法受刑者，每为泣下，或以为过❶。余闻之，私❷自语曰："人必有是心，然后可以语王政。且独不闻古人亦有禁人于狱而不家寝者乎？要皆良心之所发，非过也。"

注　释　　❶过：超出，过分。
　　　　　　❷私：暗地里。

译　文　　　我已经去世的好友段伯英曾经当过巨野县令。他在任时，如果有百姓因为犯法而受到刑罚，他总会为之哭泣。

有人认为他这样做太过分了。我听说了这件事情，私下里自言自语说道："为官者只有有段伯英这样的心思，才可以谈论王政。况且，难道都没有听说过古人也有因为将人关入牢狱而在家中寝食难安的官员吗？出于自己良心而自发所做的事情，都不算过分。"

解 析　　《哀矜》一篇向读者讲述了段伯英为巨野县令时"民有犯法受刑者，每为泣下"的事情，借此抒发了地方官员应当对民众的遭遇感同身受的观点，并指出这是行王政的前提。

非纵囚

　　古人纵囚省亲，如期还狱者甚多，要不❶可以为法也。夫法者，天子之所有，而民或犯之，是犯天子之法也。而彼乃与期而纵之，是不几于❷弄❸天子之法，以掠美市恩❹于下者乎？然出于朝廷则可，出于一己之私则不可。

注 释　❶ 要不：如果不这样；否则。

❷ 几于：近于，几乎。

❸ 弄：把玩；不正当使用。

❹ 掠美市恩：掠美：夺取别人的美名或功绩为己有。市恩：卖好，讨好。指用别人的东西来卖好。

译 文　　　古人把囚犯放回家，给予他们时间省亲，能够按照约定期限回到监狱中的人很多，但这不可随意效法。法律是天子所有，如果有百姓犯了法，也是犯了天子的法。但当地官员却给予时间让他们回家，这不是玩弄天子的法律并借此向百姓卖好吗？这样的规定，如果是由朝廷颁发的话，是可以的；但若只是地方官员为了自己的私心而这样做的话，就不可以了。

解 析　　　《非纵囚》一篇明确提出了作者的观点：地方官员不可以私自放犯人回家省亲。虽然古时候也有"纵囚省亲"的法律，但因为那时民风尚淳朴，时间到了，犯人大多会回到监狱中来。但如今情况却不同。因此，如果是朝廷颁发了"纵囚"的法令，地方官员当然可遵照执行；但若地方官员只是想为自己赢得一个爱民的好名声而"纵囚省亲"，却是万万不可取的。

自责

教民不至，则犯禁❶者多；养民❷无术，则病饥者众。为守与牧，而使其至此，独归咎于民，难矣哉。

注 释　　❶ 犯禁：违反律令，触犯禁令。
　　　　　　❷ 养民：指使人民得以谋生的政策。在中国封建社会中，主要以土地和农业为养民手段。近代薛福成、陈炽等提出以机器

为养民手段，康有为提出以务农、劝工、惠商、恤穷为"养民之法"（《上清帝第二书》）的发展资本主义主张。

译 文　　如果没有很好地教化百姓，那么百姓中犯法的人就会很多；如果没有制定好的鼓励农耕的政策，那么饥饿、患病的人就会很多。身为在任的地方官员却让百姓陷入民不聊生的境况，是很难单单把错误归咎于百姓的。

解 析　　《自责》一篇警示地方官员要懂得自省。若是在自己的辖区内，由于官员"养民无术""教民不至"，导致百姓生活穷困潦倒，违法犯禁的人很多，那么一定是自己的治理方法出现了问题，不要只把问题归咎于百姓。

救荒第七

导　读　　《救荒》一章主要关注到了地方官员的管理范围内可能会出现灾害一事，主要提到了两个方面：一是，地方官员面对不同的灾情应当如何处理；二是，地方官员面对灾情的态度，既要提前做好防灾的准备，还要时常反省自己是否执政有失。本章共有九篇，其中《捕蝗》《多方救赈》《均赋》《不可奴妾流民》《救焚》五篇即是议论如何处理灾情的。其中提到了在境内发生灾情时一定要及时上报，且要从民众的衣食住行入手，通过多方举措来应对灾情。而一旦灾情发生，地方官员也不可以借此将流民收为奴婢。另外，若是发生火灾，最好的办法是居民的邻里亲友都能够帮助救援。而平时，地方官员可以通过赋税"均贫富"使得大部分民众家有存恤，可以自己应对灾情。《预备》《祈祷》《尚德》《上灾异》四篇则提出在常年时，地方官员便要采取措施为凶年做好准备，因为灾害的发生往往是出人意料的。而州县长官平时也要多反省自身执政过程中的疏漏之处，有则改之，无则加勉。这样，才能最大限度地减少境内灾害的发生。

捕蝗❶

故事，蝗生境内，必驰闻于上。少淹❷顷刻，所坐❸不轻。然长民者亦须相其小大多寡，为害轻重。若遽然❹以闻，莅其上者群集族赴，供张❺征索❻，一境骚然，其害反甚于蝗者。其或势微种稚❼，则当亟率众力以图之，不必因细虞以来大难于民也。故凡居官，必先敢于负荷，而后可以有为。

注　释

❶ 蝗：蝗灾，是指蝗虫引起的灾变。

❷ 淹：滞，久留。

❸ 坐：定罪。

❹ 遽（jù）然：突然，猛然。

❺ 供张：供给陈设。

❻ 征索：征派勒索。

❼ 稚（zhì）：幼小。

译　文

依照惯例，如果境内出现了蝗灾，一定要马上向朝廷报告。如果稍一拖延，就会被治重罪。但是地方官员也需要考察当地所发生蝗灾的大小、多少以及造成的损失是否严重。如果贸然地向上司报告，朝廷派了一群人到当地来治理蝗灾，那么为他们提供吃穿用度，加上这些人进行征派都是不少的花费，辖区内一片混乱，造成的危害反而比蝗灾更厉害。如果发生的蝗灾很小，地方官员就应当立即带领民众治理。不要因蝗灾小而放过，否则反而会给民众带来大的灾难。因此，凡是做官的人必须先敢于承担责任，之后才能够有所作为。

解　析　　蝗灾是中国古代农业主要的灾害之一，《捕蝗》一篇主要
讲述了地方官员应当如何治理蝗灾。首先，蝗灾发生时一定要
立即上报，若是拖延隐瞒会招致重罪。其次，地方官员自己要
先查检蝗灾的危害是否严重，为上司提供参考，否则有一大群
官员贸然来到地方，造成的危害更甚于蝗灾。最后，作者提醒
地方的长官，要审时度势，为民担责。

多方救赈

　　天所畀❶人富与贵者，非欲其自裕❷，盖将使推所有以济人之不及也。
饥者食之，寒者衣之，斯不负天畀之富矣；直者举之，枉❸者错之，斯不
负天畀之贵矣。然富贵而能若是者，其惠在人而善则在己。名为惠人，实
自惠也。故古之有民社者，或不幸而值凶荒夭扎（札）❹①之变，视其轻重，
必有术以处之。或私帑❺之分，或公廪❻之发，或托之工役，或假以山泽，
或已负蠲❼征，募粜❽劝粜❾，或听民收其遗稚，或命医疗其疹疾。凡可以
拯其生者，靡微不至。盖古人视民如子，天下未有子在难而父母坐视不
救之理也。呜呼！凡牧民者其以古之人为法，庶无彼我之间哉！

注　释　❶ 畀（bì）：给予。

❷ 裕：丰富，宽绰。

❸ 枉：弯曲，弯屈，引申为行为不合正道或违法曲断。

❹ 夭扎：当作"夭札"，遭疫病而早死。

---

① 此据仓田信靖本改。

❺ 私帑（tǎng）：旧称君主的私有财物。

❻ 廪：米仓，亦指储藏的米。

❼ 蠲（juān）：去除，免除。

❽ 籴（dí）：买进粮食。

❾ 粜（tiào）：卖出粮食。

译 文　　上天赐予人财富和权势，并非只是让他自己富裕，而是希望他可以用来接济生活困难的人。如果碰到吃不饱的人就给他食物，碰到穿不暖的人就给他衣物，这样做才不辜负上天赐予的财富；碰到正直的人就举荐他，碰到行为不合正道的人就处罚他，这样做才不辜负上天赐予的权势。如果拥有财富和权势的人能够这样做，虽然民众得到了实惠，但所积累的善行却是他自己的。表面上看是对别人有好处，实际上自己也得益。因此，古时候治理百姓的人，如果碰到了灾荒，考察灾情的轻重，都有相应的应对方法。有的人把自己的财物分给民众，有的人开仓放粮，有的人召集民众修筑堤防，有的人凭借山林湖泊等自然条件缓解灾情。有的人则不但免去了民众的赋税，还规劝商人卖粮，并将粮食买进官仓，再发放给民众。有的人还会收留受灾的孤儿，有的人则选派医官为民众诊病。凡是能够让民众生存下去的方法，不管多么微小，他们都会去做。这大概是因为古时候的统治者把民众当作自己的孩子，天底下哪有孩子在受难，做父母的却坐视不救的道理！啊！凡是做官的人都应当效法古人，希望以后民众和官员之间再无彼我的界限！

解　析　　《多方救赈》一文指出，地方官员在面对灾情时要从多方举措，全面恢复民众的生活。作者还列举了古人在处理灾情时的方法，包括开仓放粮、修筑工事、派医官为民众诊疗等等。作者还指出在救灾的过程中，无论是多么小的事情，地方官员都应当去做，要有把民众当作自己孩子的心。

预 备

灾异之生，常出于人之所不意。诚素有其备，虽甚灾不足为忧也。今州郡多无委积❶。虽有之，而在上者封锢甚严，不测有虞，茫无所措手❷，此厥今牧民者之通患也。然今所谓祗应❸之钱者，山州僻县未尝有之，而使客往还率无枵腹❹而过者，意必有以规画也。至于备荒之储，独未有及焉者，岂以治平之时何遽有此，所以因仍❺岁月，幸满而去，不复为民远虑耶？尝闻近代为县者，教民种蔓菁❻，捣其根以为饼，大者三四斤，干而储之，后值凶年，蒸以食❼饥民，味甘且美，赖以全活者甚众。夫古人虑民之远也如此，其肯苟且❽幸代而不为民预备哉？

注　释　　❶ 委积：储备粮草。

❷ 措手：着手处理，应付。

❸ 祗（zhī）应：恭敬地伺候，照应。

❹ 枵（xiāo）腹：空腹。

⑤ 因仍： 因袭，沿袭。

⑥ 蔓（mán）菁（jing）： 即芜菁，十字花科，一年或二年生草本。叶缘略有缺刻，春日开黄花，根长圆多肉，与叶俱可供食用。

⑦ 食： 拿东西给人吃。

⑧ 苟且： 只顾眼前，得过且过。

译　文　　　灾害的发生，常常出乎人的意料之外。如果一直都做好会发生灾害的准备，就算灾情严重，也没有什么可忧愁的。现在州郡中大多没有储备粮食。就算有的州郡储备了粮食，但是上司对其看管很严，一旦发生灾害，也会茫然无措，这是现在地方官员的通病。然而现在所说的招待上司的银钱，偏远的州县都是没有的，但前来巡查的人也都没有饿着肚子，因此揣测这些地方的官员也一定都会提前规划好。但预备灾荒时用的储备粮却一直都没有，怎能认为天下太平，年成好的时候怎会突发这种情况，所以依循旧制，待到期满离任，而不为百姓做长远考虑呢？我曾经听说过前几代做县令的人，教民众种植大头菜，把它的根捣碎做成饼。这些饼大的足有三四斤重，晾干了储存起来。等到碰到凶年的时候，就把这些饼蒸熟分给灾民吃，味道很可口，有许多人都靠着这些菜饼活了下来。古时候的人尚且为民众考虑得这么周到，我们现在又怎么可以只是得过且过，做完几年县令却不为可能发生的灾荒做准备呢？

解　析　　《预备》一篇指出了当时的地方官员平时不为荒年做准备，而一旦灾荒发生却手足无措的弊病。文中以接待官员的情况和应对灾害的情况做对比，指出地方官员若是有为民众长远打算的心自然能够做好防灾的准备，只是现今的州县长官在任都只为熬资历，得过且过，大多没有应对灾荒的能力。

均赋

　　故事，民之税赋，三年则第其贫富而均平❶之。或好名未及而先为，或避谤逾期而不为，皆非也。如期行之，民受赐❷不浅矣。

注　释　　❶ 均平：平衡，平均。
　　　　　　❷ 赐：旧指地位高的人或长辈把财物送给地位低的人或晚辈。

译　文　　按照惯例，管理民众的赋税三年，然后可以根据民众的财产情况对赋税进行平均分配，富有的人多纳税，贫穷的人少纳税。如果想要赢得好名声，不到三年就这样做；或者为了避免百姓的议论，过了时间也不这样做，都是不好的。按照三年的期限这样施行，百姓会受益匪浅。

解　析　　《均赋》一篇指出的是地方官员如何收税。地方官员可以通过收税达到地方上"均贫富"的效果，让富有的人多交税，穷苦的人少交税。这样一来，百姓的生活整体都会比较富足。

祈祷

　　凡有祈祷，不必劳众，斋居三日以思己愆❶：民有冤欤？己有赃欤？政事有未善欤？报国之心有未诚欤？无，则如仪❷行事；有，则必俟❸追改而后祷焉。夫动天地、感鬼神，非至诚不可，纤毫之慝❹未除，则彼此邈然❺矣。

注 释　❶ 愆（qiān）：罪过，过失。

　　　　❷ 仪：按程序进行的礼节；法制，准则。

　　　　❸ 俟（sì）：等待。

　　　　❹ 慝（tè）：奸邪，邪恶。

　　　　❺ 邈（miǎo）然：遥远、高远的样子。

译 文　　　但凡需要进行祈祷，不必要劳师动众，只需要自己在家中斋戒三日，思考自己的过错：在我的治下，百姓有冤情吗？我可曾收受别人的赃款吗？我处理的政事有没处理好的吗？我有报效国家的诚心吗？如果没有什么过错的话，就继续照着以前的方法办事；如果有过错的话一定要找机会改正，弥补之前的过失，然后再进行祈祷。想要感动天地和鬼神必须要有足够的诚心，即使有一点小恶还未消除，也无法感动天地和鬼神。

解 析　　　《祈祷》一篇提醒地方官员只需要自己反省有什么过错，不必劳师动众地进行参拜。只有反省自己的过错并加以改正，祈祷才能真正起到作用。

不可奴妾流民

尝见一显官于凶年市所部民子女，殆数十余人，美且壮者皆奴妾之，余将赂时要❶以希恩宠也。仆闻而颦蹙❷曰："使其困惫，吾治已得罪矣。又不能救，而反奴妾之，不大获罪于法耶？"故感而书之，以戒后来者。

注　释　❶ 时要：当时有权势的人。

　　　　❷ 颦（pín）蹙（cù）：皱眉蹙额，形容忧愁不乐。

译　文　　　我曾经见到一位高官在饥荒年景中买了十多个自己治下民众的孩子。其中，长得漂亮或是身强力壮的都被他收入府中或做奴仆，或做侍妾，剩下的则送给当时有权势的人，希望能够借此得到提拔。我听说这件事之后感到非常担忧："让民众的生活困顿，本来就是地方官员在治理的时候的过错，不但不能救民众于水火，反而还将他们收作奴、妾，难道不是犯了大罪吗？"因此，我有感而发，将这件事情记录了下来，希望以后的官员引以为戒。

解　析　　　《不可奴妾流民》一篇是告诫地方官员不要将流民收为奴婢。地方官员应当认识到流民的出现本来就是其治理不当所致，若是不加救济反而使其为奴为婢，更是错上加错。

救焚

　　民或失火，则伐鼓❶集众，亲莅以救之。恻隐❷之心，人所共有，诚能鼓舞以作其气，虽仇人亦将焦头烂额，而相趋患难矣。

注　释　❶ 伐鼓：击鼓。

　　　　　❷ 恻（cè）隐：同情，怜悯。

译　文　　　　民众中有的人家失了火，就击鼓集中邻里，率领大家一同灭火。同情心是人所共有的，如果能够把人们内心的这种情感激发出来，就算双方之间是仇人，也会不惜焦头烂额，共同面对灾难的。

解　析　　　　《救焚》一篇主要是提出地方官员要懂得激发出民众的同情心，这样就能够做到邻里之间互帮互助，一起克服困难。

尚德

　　反风灭火，虎渡河❶，蝗不入境，全境之水回流，此在长民者之德何如尔？殆不可皆谓之偶然也。

注　释　❶ 反风灭火，虎渡河：比喻施行德政。语出《后汉书·儒林传上·刘昆》：汉朝时期，皇帝下诏问刘昆说："前在江陵，反风灭火，后守弘农，虎北渡河，行何德政而致是事？"刘昆见皇帝夸奖他，就推说是偶然而已。左右人都笑他不会表功与木讷。皇帝感叹地说："此乃长者之言也。"

译　文　　起火的时候，风向倒转将火熄灭了；老虎渡过河后离开；蝗虫不进入境内；河流水倒转回流，出现这些情况，是与地方官员的德行有关吧？大概不能都用偶然来解释。

解　析　　《尚德》一篇指出如果地方官员施行仁政，那么境内一定会出现反映仁政的现象。当然，作者所举"反风灭火，虎渡河，蝗不入境，金境之水回流"的例子是囿于当时的知识水平而带上了迷信的色彩。

上灾异❶

灾异之事，则不可不闻；祥瑞❷虽不上，可也。

注　释　❶灾异：自然灾害；某些奇异的自然现象，如地震、日食等，古人认为是上天对人类的惩警。
❷祥瑞：吉祥的征兆。

译　文　　如果出现了灾异，则必须上奏；如果出现了吉祥的征兆，不上奏也是可以的。

解　析　　　《上灾异》一篇提醒地方官员要关注灾异的征兆，实质上也是指出地方官员要时常反思自己是否执政有失。

事长第八

导　读　　《事长》一章有六篇，主要内容为如何与同僚相处，可分为两部分内容：一是长官如何对待自己的属吏，二是下属如何同长官相处。其中，第一篇《各守涯分》既包含了下对上，也包含了上对下，主要是指出了官员要做好自己分内的事。第三篇《处患难》则是提醒在任的官员要做到宠辱不惊，只有这样才能公正地处理政务，以防被小人钻了空子。第五篇《以礼下人》则是指出各位官员在面对自己的属吏时也不要傲慢无礼，志向远大又有贤德的吏员日后也会成为高官。而《宁人负我》《分谤》《不可以律己之律律人》三篇则从不同的方面提醒地方官员在平时行事的过程中要严于律己，宽以待人。这样，可以保证府衙的运转效率，更加有利于政务的处理。

各守涯分

尊卑之分定，则家无逆子，国无叛臣。夫国之所以亡，家之所以败，皆由卑不有尊，而尊不能制卑之所致也，考诸历代厥监甚明。今夫上而朝廷，下而郡邑，其设官也有长焉，有贰焉，有幕属焉，有胥吏焉，各安其分而事其事，天下安有不治者哉？惟其小智自私，乖❶同寅❷之义，无协恭之诚。衷❸既不和，则所见必有不同者，或长官不知待佐贰之礼也，或佐贰暗于事长官之道也，少见辞色则彼此胥失矣。若夫事例应尔，而所见或不同，居下者当诚其意，婉其辞，卑其容体以开其上。若由（犹）^①未允，则俟其退而语之家，人非木石，无不回之理。其或居下者有所不可为，长者亦当如是晓之也。稍有所挟，虽面强从，退而必有不堪者，日引月深，终于泄露。人见其乖忤❹也，谗谮之言乘之而入，久则讼必兴而政事隳矣。为一时之忿，使同僚之心离，阖境之民不得治，则其人之褊浅❺可知矣。古人有言："必有忍乃其有济。"又曰："欲成大事，必须少忍。"又曰："忍为众妙之门。"旨哉。

注　释
❶ 乖：不顺，不和谐。
❷ 同寅（yín）：同僚，旧称在一个部门当官的人。
❸ 衷：内心。
❹ 乖忤（wǔ）：乖戾忤逆，与人不和。
❺ 褊（biǎn）浅：心地、见识等狭隘短浅。

译　文　尊卑的名分定下来了，那么家中就没有叛逆的孩子，国家也没有反叛的臣子了。国家之所以会灭亡，家族之所以会衰败，都是因为人们不敬尊长，而尊长也压制不住他所管理的人造成的。考查历代的兴衰就可以明白了。现在，上到朝廷，下到郡县，都设置有主管的官员，有副职，

---

① 此据仓田信靖本改。

有幕僚，有差役，如果都能按照自己的本分行事，天下哪有不太平的呢？只是他们都只顾着自己的小恩小惠，不把同僚的情义当回事，也没有与同僚齐心协力的诚心。既然内心不和，那么他们所见必然是不同的，有的是长官不懂得对待辅佐自己的幕僚的礼仪，有的是吏员不懂得与长官相处的方法，言辞稍有不合，彼此便离心离德。如果碰到事情，僚属与长官的看法不同，那么僚属应该心怀诚意，恭敬且委婉地向长官表明意见；如果长官不同意，僚属就应该等长官离开后到家里告诉他。如果僚属这样做的话，只要不是木石都会对其有所回应。身为属下有不可以做的事情，长官应当如此告知他。如果稍微有点私心，虽然表面上没有表现出来，但时间长了也会有所暴露。有人如果发现长官乖戾，就会趁机进献谗言，而长官一旦听信了谗言必然会导致讼狱大兴而政务破败。因为一时的气愤，造成与同僚相处不和，而所辖区域得不到好的治理，足以看出这个人心胸狭隘，见识短浅，古人说过："必须先容忍，然后才能治理好百姓。"又说："想要做成大事，必须先容忍。"还说："容忍是做好各种事的不二法门。"说得非常到位。

解　析　《各守涯分》一篇主要是提醒各位官员要守本分，懂得如何与同僚相处。如果官员只是因为与同僚相处得不好，而导致政务无法顺利推行，那他的见识也太过短浅了。因此，做官的人要懂得如何同下属相处，而下属在向长官提出意见时也要注意方式方法。而且，官员在面对政务时不可以只顾着自己的利益。

宁人负我

宁人负我，无我负人❶，此待己之道也。天下之善❷，不必己出，此待人之道也。能行斯二者，于道其庶几乎？

注 释 ❶ 宁人负我，无我负人：这句话是由曹操的"宁教我负天下人，休教天下人负我"反其意而来。

❷ 善：好的行为、品质；友好。

译 文 对待自己，要有就算别人都辜负了我，我也不能辜负别人的度量。对待别人，要明白天下所有的好事不是必须都要自己去做，总要给他人留下行善的机会。能按照这两方面来行事的人，就差不多了。

解 析 《宁人负我》论述了"待己之道"与"待人之道"，指出了我们对人对事的态度。在与其他人的相处过程中，我们应当严于律己，宽以待人。

处患难

凡在官者，当知荣与辱相倚伏❶，得与失相胜负，成与败相循环。古今未有荣而无辱，得而无失，成而无败之理也。虽天地之运、阴阳之化、物理人事，莫不皆然。处之不以道，则纤毫之宠必摇，而一唾之辱必挫矣。故君子于外物重轻皆所不恤❷，顾其在我者何如尔？使其有可辱，虽不加谴而君子恒以为不足；使其无可辱，虽置之死地而君子恒以为有余。历观自昔大圣大贤不幸横罹祸患，恬然不易其素者，灼❸乎此而已矣。苟惟能处荣而不能处辱，惟能安顺境而逆境则不能一朝居，欲望其临政有余，为难矣。呜呼！善观人者，其于此焉察之。

注 释 ❶ 倚伏：依存隐伏，指互相依存、互相转化。
❷ 恤：顾惜。
❸ 灼：明白，透彻。

译 文　　凡是做官的人应当明白，荣誉和耻辱是相伴相生的，所得和所失总是交替出现，成功与失败也总是循环出现的。从古到今都没有只有荣誉而没有屈辱，只有所得却没有所失，只有成功却没有失败的道理。天地的运行、阴阳的转化、事物的道理以及人事的发展都是这样。如果做事不明白这个道理，那么即使有一点点的恩宠也会动摇，即使受到一口唾沫那样的侮辱也会身心受挫。因此，君子对于外在的东西无论轻重都不会顾惜，也就不会受它们的影响。如果发生了不好的事情，就算没有被别人谴责，君子也会认为是自己的不足。如果没有做坏事，

就算被置于死地，君子也不会绝望。考察历代的圣贤之
人，不幸遭遇横祸，还能安然不改变平素的立场，只是
他透彻地明白这个道理罢了。如果一位官员只能安享荣
誉，不能处身耻辱，只能安于顺境，而逆境一天也受不了，
指望他游刃有余地处理政务是不可能的。选拔官员的人
可以从这一方面考察。

解　析　　《处患难》一篇指出做官的人一定要能够做到宠辱不惊，
才可能成为一名好官。如果一个人只能适应顺境而难以适应逆
境的话，会很容易受到外界的影响，也就很难把复杂的政务处
理好。因此，作者在文末提出了可以从这一方面考察即将做官
的学子的建议。

分谤

是非毁誉❶，自古为政所不能无者。是则归人，非则归己；闻誉则
归人，闻毁则归己。无长无贰，处之皆当如是也。前辈云："恩欲己出，
怨将谁归？"❷呜呼！此真博大君子之言也。

注　释　　❶ 毁誉：毁谤和称赞，说坏话和说好话。
　　❷ "恩欲己出，怨将谁归？"：语出《宋史·王曾传》。作为
宰相，王曾进用或者斥退士人，并不对外张扬，以至世人不知
哪些是他进退者。范仲淹曾经对王曾说："公开赞扬士大夫中

的英才，举荐任用他们，是宰相义不容辞的责任。您德高望重，为当世所称扬，只是于此，没有应有的作为。"王曾回道："作为执政大臣，把（任用人才的）德泽恩惠算到自己名下，那么，（因埋没人才而来）怨恨不满，又算在谁的头上呢？"范仲淹非常佩服王曾的话。

译 文　　正确和错误，赞誉和诋毁，都是自古以来处理政务的过程所不能缺少的。把正确的事情归功于别人，错误的事情归咎于自己。听到夸赞，要认为是称赞别人的；听到坏话，要认为说的是自己。无论是长官还是副官，都应当这样处事。前辈说过："如果别人的恩情都是自己给的，那么别人的怨恨又要给谁呢？"这真是有博大胸怀的君子说出来的话！

解 析　　《分谤》一篇指出每个人在面对别人的评论时，要把正确的都认为是别人做的，而错误的都是自己做的，做官的人要严于律己。

以礼下人

　　夫能下人者，其志必高，其所至必远。昔某郡有新守，褊❶鸷❷大不礼其下，常令掾属❸罗拜于庭下。有一贤掾，初以疾在告❹，疾愈当庭参。是日，偶大雨，守命张伞布茅于庭下，使掾拜焉。掾恬然不动容，兴伏惟谨，识者知其他日必为宰相也。后果然。

注　释　❶ 褊：狭小，狭隘。

❷ 骜（ào）：傲慢。

❸ 掾（yuàn）属：佐治的官吏。

❹ 告：请假。

译　文　　　能够处于人下的人，必然是志向高远的人，他日后也定然能够取得大的成就。过去某郡新任的郡守心胸狭窄、傲慢，不懂得以礼对待手下的人，常命令属下列队在院子中叩拜他。当时他的手下有一位贤德的佐官，刚开始的时候因病告假，病好了后就在院子中叩拜郡守。有一天突然下起了大雨，郡守就派人在院子里立上伞，用茅草搭了亭盖，然后命令他叩拜。这位佐吏泰然自若，伏拜和起身时都非常恭谨。有识人之明的人就知道这个人以后一定可以成为宰相。后来，他果然当了宰相。

解　析　　　《以礼下人》一篇指出在地方官员府衙中的佐官日后很有可能成为高官，因此，守令不要因为职权高便对人颐指气使，还是应当以礼相待。文中所述佐吏不仅能力出众而且宠辱不惊，日后便成了宰相。

不可以律己之律律人

同官❶有过，不至害政，宜为包容。大抵律己当严，待人当恕。必欲人人同己，天下必无是理也。

注　释　❶ 同官：在同一官署任职的人，同僚。

译　文　　同僚如果犯了过错，只要没有危害政务的执行，就应当包容他的错处。对待自己的行为应当严格，对待别人的行为则应当宽容。想要人人都和自己一样，天底下是没有这样的道理的。

解　析　　《不可以律己之律律人》一篇主要阐述了为官者应当严于律己、宽以待人的观点。如果有同僚犯错，只要这个错误不影响政务的施行，就应当包容他。

受代第九

导　读　　《受代》一章主要是提醒官员在与继任者交接时需要注意的地方，共有六篇。其中，第一篇《郊迎新代》是指在任者要欢迎继任者的到来，并做好交接工作。如此，能够方便政务施行的一贯性，令当地的百姓受益。第二篇《克终》提醒官员在做官的后期也要小心、谨慎，以自己初做官时的心境面对政务，以防晚节不保。第三篇《不竞》提醒在任的官员不可事事与人争利，否则连市井小民都不如。第四篇《不可自鬻》则是提醒官员们离任时不要夸耀自己的政绩。处处向他人夸耀自己的人算不得品行高尚。第五篇《告以旧政》是提醒官员们当有人来接替职位时，一定要把政务清楚明白地告诉他，尽好自己最后的职责。第六篇《完归》则是提醒地方官员要多为百姓做好事，同时新上任的官员也不要嫌弃地方官员权力小，作者认为在地方上为官其所做贡献要远大于朝廷中的官员。

郊迎新代❶

闻代者来，则避所居而郊迎之。不可以其代己也，而疾❷之，而薄之，而不以旧政告之也。大抵天下之善在彼犹在此，劝人为善即己之为善也。讵可❸惟许己为善，而不愿他人为善哉？

注　释　❶ 代：代替，指继任者。
❷ 疾：同"嫉"，妒忌。
❸ 讵（jù）可：怎么可以。

译　文　听说有继任的地方官员来的时候，应当搬离府邸，并且到郊外去迎接他。不可以因为别人代替自己的官位就嫉妒他、薄待他，不同他交接原来的公文。大概天底下的善事在那处同在这处是一样的，劝别人做善事就如同自己做了善事一样。怎么能只允许自己做善事却不让别人做善事呢？

解　析　《郊迎新代》一篇所述是有继任的地方官员来上任时，原来的地方官员应当如何做。面对继任的官员，应当释放出最大的善意，可以亲自到郊外迎接，好好地招待继任者并且与他做好交接。这样做，会有利于继任者政务的施行，也不至于让自己在任时的努力白费，因此作者说"天下之善在彼犹在此"。

克终❶

为政者，不难于始而难于克终也。初焉则锐❷，中焉则缓❸，末焉则废者，人之情也。慎终如始❹，故君子称焉。

注　释　❶ 克终：善终。

❷ 锐：锐气，锐意进取。

❸ 缓：放松，松弛。

❹ 慎终如始：指始终要谨慎从事。出自《老子》第六十四章："慎终如始，则无败事。"

译　文　做官在刚开始的时候并不难，难在善终。人们通常都是刚开始的时候会锐意进取，到了中段则逐渐放松下来，最后往往会一蹶不振了。对待最后的阶段谨慎得如同刚开始的时候一样的人，可以称作是君子了。

解　析　本篇告诫在朝的或即将当官的人，不管自己身处什么样的位置都要当成自己刚开始做官，这样才能够做好自己的本职工作，不至于半途而废。

不竞

尝见世之交代者，多有所争，要皆旧官不广❶之所致。或据其居而不徙，或专其田而不分，或匿其公物不尽以相授，使新者怀不平而无所诉，甚非士君子善后之道也。夫利之与义，势不并处，义亲则利疏，利近则义远。况为民师帅❷，而专务于利，其聚怨纳侮，视市井小人不若也。故君子之从政也，宁公而贫，不私而富；宁让而损己，不竞而损人。

注　释　❶ 广：博，大。
　　　　❷ 师帅：原指古代官职名称，引申为表率。

译　文　我曾经见到过新旧官员进行交接时，很多东西都争来争去。这主要是原来的官员心胸不宽广所致。有的官员霸占着房子不搬，让新上任的官员无处落脚；有的霸占着田地不愿意分给别人；有的则把办公的物品藏起来，不交给新上任的官员。这种情况使得新上任的官员虽然心中愤愤不平却无处申诉，绝对不是君子办理公务交接、处理善后的办法。道义和利益势必不能一起得到。如果你选择了道义，那么得到的利益就会少；如果你得到了利益，那必然做了某些违背道义的事情。地方官员，如果一心求利，一定会有许多人怨恨你，那么你连市井小人都比不上。因此，君子做官的时候，宁愿因克己奉公而贫苦，也不愿意因谋取私利而富有；宁愿与人谦让而利益受损，也不愿意靠与别人争抢而夺走别人的利益。

解　析　《不竞》一篇指出为官者不可以只计较自身的利益得失。如果当官的人卸任时，与继任者争抢利益，在任时与百姓争抢利益，那么他连市井小人也比不上。

不可自鬻❶

代之未至也，风❷民立石以颂德，结绮门以祖❸行，鸠钱帛以佐路费，建生祠以图不朽之名，皆非士君子之事也。盖为善不求人知者为上；知而不自有其善者次之；呶呶❹焉自媒自鬻，惟崇虚誉者，风斯在下矣。

注　释　❶自鬻（yù）：自卖其身，自售其才能。

❷风：动词，吹拂，引申为引导鼓动。

❸祖：出行时祭路神。

❹呶呶（náo）：多言，喋喋不休。

译　文　　继任的官员还没有到任的时候，地方官员就鼓动百姓给自己立碑，歌功颂德；装饰华丽的大门为自己践行；向百姓索要钱财用作离开的路费；给自己建生祠，希望能留下不朽的名声。以上所列的内容都不是君子应当有的行为。大概做善事却不想让别人知道的人品行最高尚；其次是想让别人知道却并不自己夸耀自己所做的善事的人；而整日里自己夸耀自己所做的善事，只想要虚假的好名声的人则是道德最为低下的人。

解　析　　《不可自鬻》一篇所指是地方官员不要夸耀自己的政绩，也不要在卸任之时逼迫百姓为自己歌功颂德。为善不欲人知，才是真正的品行高尚。

告以旧政

　　近代东原❶吴曼庆❷为某所宪长❸，既代，谆谆❹新上者，曰某事有少许未完，某狱已具而未决，某案有如是可疑，某人有许❺能可用。一部之政，毫分缕析❻，惟恐其不知，知之惟恐其不尽。呜呼！今之仕者，方其在职，尚不肯用心，况已代去，而敢责其如是哉？

注　释　　❶ 东原：今泰安东平。

❷ 吴曼庆：元朝大臣，元世祖忽必烈至元年间曾任行台中丞。

❸ 宪长：古代中央监察机关的首长。如秦汉以来御史台中的御史大夫、御史中丞，明清都察院的都御史。

❹ 谆谆：耐心引导，恳切教诲的样子。

❺ 许：这样。

❻ 毫分缕析：细致详尽的剖析。

译　文　　最近，东原的吴曼庆调离了监察官的岗位。当其继任者到时，他诚恳地告诉继任者有哪一件事情还没有完成，哪一件案件虽然文件都已齐全却还未进行判决，有哪一件案件还有可疑的地方，有哪一个人具备某项才能可以在日后供其使用。他将部门中的政务条分缕析、详详细细地告诉继任者，担心他有什么不明白的地方；如果继任者都知道了，他还会担心有没有未介绍详尽的地方。唉！现在当官的人，在任时都不肯用心办公，更何况是已经离任，谁会主动承担起这份责任呢？

解 析 　《告以旧政》一篇所述为官员离任时的职责。官员在离任的时候应当承担起向继任者交代清楚本地政务情况的职责。这样才能保证本地政务顺利地开展，不至于让自己之前的工作功亏一篑。这样才是为官者真正有责任心的表现。

完归

　　其在政也，民被德泽，讼清盗息，豪强消沮，同僚悦服；则去之之日，虽弊车羸马、行橐❶萧然，其乐有不翅❷万金获而千驷受者。前辈由外官而至执政者，论济人之功皆自以为不及为县远甚。呜呼！有志及物者，其勿薄州县而不屑为也。

注 释 ❶橐（tuó）：口袋。

❷不翅：不啻。翅，同"啻"。不仅；不止。

译 文 　　在任上的时候，治下的百姓受到恩惠，任内的诉讼案件都得到解决而没有盗贼为害，治下的豪强也都不敢鱼肉乡里，一起工作的同僚都心悦诚服。如果做官的人能够做到以上几点，就算在他卸任离开时车破马瘦、行囊简陋，他所拥有的快乐一点也不比那些获取万金、享受千驷的人少。之前从外官调到朝廷的前辈都认为自己为百姓所做的贡献，比起在县令任上差得很远。当今有志向为朝廷和百姓做贡献的官员，千万不要因看不起在州县当官而不愿意到地方任职啊！

解　析　　《完归》一篇主要是希望如今的官员明白，做有益于百姓的好事比起私敛财物要好得多，在地方上当官比起在朝任职能为天下做的贡献要大得多，因此担任地方牧民官员者不可妄自菲薄。

闲居第十

导　读　　　《闲居》一章主要是提醒在野的士人应当如何约束自己的言行，作者将其分为两种情况：一是已经离任的官员，二是尚未入仕的士子。本章共分为六篇，其中《轻去就》和《致政》针对的都是已经离任、赋闲在家的士人，其余四篇则是为尚未入仕的士子所作。《轻去就》一篇所述为官员不应当将自己的离任看得太重，而应注意反思自己任职过程中的不足。《致政》一篇则是提醒官员离任后不要贪恋权势，总想着以势压人，这样的作为会给继任者带来很大的困扰，也会造成当地政务废弛的严重后果。《进退皆有为》一篇是提醒士子不要因为没有做官就自怨自艾，而应努力提升自己的能力。《以义处命》一篇指出士子做事要合乎道义，不要总想着依靠做官求得富贵显达的生活。《求进于己》一篇则指出，士子若想入朝为官一定要通过提升自己的学识涵养，而不要想着依靠上位者的提拔。《风节》一篇提醒士子们要注意维护自己的名节，一个人一旦失去名节就再也难以补救了。

轻去就

　　士之仕也，有其任，斯有其责；有其责，斯有其忧。任一县之责者，则忧一县；任一州之责者，则忧一州；任一路之责、天下之责者，则以一路与天下为忧也。盖任重则责重，责重则忧深。古之人所以三揖❶而进、一揖而退者，有以也。虽尧舜禹汤文武之为君，皋夔稷契伊傅周召❷之为臣，固未尝不忧其责而以位为乐也。若以位为乐者，苟❸其位者也。呜呼！大圣大贤宜不难于其所任，犹且不自暇逸如此，吾才远不逮圣贤，顾可乐其位而重其去也哉！

注　释　❶ 三揖：行三揖的礼。拱手作揖，或上下，或左右，或推引的敬礼。
　　❷ 周召：周成王时共同辅政的周公旦和召公奭的合称。
　　❸ 苟：姑且。

译　文　　　进入官场的人，有了职位也就有了责任，有了责任也就有了忧虑的事情。担任一县的县令就要为县中的事情忧虑，担任一州的知州就要为州中的事情忧虑，担任一路的总管就要为路中的事情忧虑。大概所担任的职位越高责任也就越重大。古人三揖而入仕，一揖而去官，正是这个原因。即使像尧、舜、禹、商汤、周文王、周武王这样的君主，像皋陶、夔、后稷、契、伊尹、傅说、周公、召公这样的臣子也会因其所负职责而忧虑，且以其所负职责为乐。他们以之为乐的只是职位上所负的责任而已。啊！大圣大贤的人担当其所任职的职责应当不难，但他们仍然没有时间贪图安逸、享乐。而我的才能远远不及圣贤，又怎么能以入仕为快乐而过于看重离任呢？

解　析　《轻去就》一篇所述为官员任职自有其职责，不应当只看到自己所拥有的权力却忽视了自己所担当的责任。正因如此，地方官员也应正确对待离任问题，看到自己任职过程中的不足，而不应只看重在任时所获得的利益。

致政

古人以休官致政❶为释重负而脱羁囚。切尝思之，诚有是理。方其仕也，严出入而慎起居，一颦一笑亦不敢以轻假人。盖一身而为众师表，少逾规矩，谤议四闻，譬之特行于高屋之上，自顶至踵，在下者无不见之也。一朝代至，完身而去，讵止如释重负，脱羁囚而已哉。尝见仕而休居者，往往不喜。或命子侄，或托朋友，市奸、构讼，靡政不及。小有所违，则曰去官同见任。使新上者法格❷令弛，拒纳惟谷，甚而挠沮排抵❸，为状百端。细民无知，亦从而靡❹。设使己政之初，人以是荐扰，当若何？推心体之，必自知其可恶矣。

注　释　❶ 致政：犹致仕，退职。

❷ 格：阻碍，隔阂。

❸ 挠沮排抵：四字皆阻挡，抵挡之意。

❹ 靡：浪费，分散。

译　文　　古人把离任看作是摆脱了沉重的负担和羁绊。我曾经仔细思考过这个问题，认为确实是这个道理。当他在任时，出入和起居都非常谨慎，也不敢在人前轻易表露自己的心思。大概是因为自己的行为是众人的表率，稍微有所逾越就会听到四处都有人议论。就像是人站在高高的屋顶上行走，在下面的人能够从头到脚都将自己看得清清楚楚。直到有一天继任的人到来，能够毫无牵挂地离任，行为举止就像是放下了很重的负担，逃脱了羁绊一样。我曾经见到几位离任的官员，他们往往心情很不好。有的人会命令自己的后辈，或凭借朋友的关系卖奸耍滑、制造案件、浪费官府人力。如果有人稍微违抗他的命令，就说离任的官员与现任官员是一样的。这样做使得新上任的官员没有办法好好地推行法令，离任官员甚至做出扰乱、阻止、排斥、抵触种种事端来。小民无知，也跟着使坏。如果你当初任职时，也有人这样扰乱你施政，你又会怎么样呢？推己及人，这样已离任者就知道自己的行为有多么可恶了。

解　析　　《致政》一篇是提醒在任的官员，即使离任后，也不要因贪恋权势而使坏难为继任者，造成继任的官员在地方上的政务难以推行。此外，作者还提醒官吏们要懂得推己及人，只要稍微换位思考一下，已离任的官员便会明白这种心态与行为有多么的可恶了。

进退皆有为

进则安居以行其志，退则安居以修其所未能，则是进亦有为，退亦有为也。近世士大夫惟狃于进，退则惛然❶无所猷为❷，甚而茹愧怀惭，蹙缩❸不敢一出户。夫轩冕❹，古人以为傥来❺之物也。其有也，何所加？其无也，何所损？不思良贵在我，惟假于物以为重轻焉，则其人品之卑下，不待论而可知矣。

注 释
❶ 惛（hūn）然：忧心烦闷的样子。
❷ 猷（yóu）为：建立功业。
❸ 蹙缩：退缩，蜷缩。
❹ 轩冕（miǎn）：古时大夫以上官员的车乘和冕服，借指官位爵禄。
❺ 傥来：意外得来，偶然得到。

译 文
如果能够在官场任职就去完成自己的志向，如果不能的话可以学习那些自己尚未掌握的知识，这样一来，当官能有所作为，不当官也能够有所作为。现在的士大夫已经习惯了官场生活，如果不能当官就会烦闷无所作为，甚至心怀愧疚，蜷缩在家中不敢出门。古时候的人都把官职当作意外得来的东西。能够得到官职，与之前相比又多得到了什么呢？没有官职，与之前相比又有什么损失呢？不去想真正重要的、贵重的东西其实是自己，却想着把衡量得失的标准放到身外之物上，不必讨论就可以看出这个人的人品有多么低下了。

解　析　　　《进退皆有为》一篇指出士子不要以能否当官作为对自己成功与否的评价标准。若是在官，则应当尽己所能报效国家；若是在野，则应当不断加强自身的修养、提高自己的能力。当时的许多士子一旦不能为官便会在家中忧愁烦闷、自怨自艾，这是绝对不可取的。

以义处命

世俗以穷达进退皆本夫命。谓命之穷者，虽竭蹶求进而亦穷；命之达者，虽远逝深藏而亦不能退。此星翁术士之常谈，非君子所尚也。君子则以义处命，而不倚命以害义。可以进则进，可以退则退，吾不谓命也。乐则行之，忧则违之，吾岂谓命哉？彼沦胥富贵利达之境而不能出者，则往往托命以自诬❶，宜乎接武❷祸机❸，而卒不能悟。悲夫！

注　释　　❶ 自诬：自欺。

　　　　　　❷ 接武：步履相接。前后相接，继承。

　　　　　　❸ 祸机：指隐伏待发之祸患。

译　文　　　世上的人都认为人是穷困还是富贵，是能当官还是不能当官都取决于自己的命。认为命中注定穷困的人，就算竭尽全力想要求个一官半职还是会穷困潦倒；命中注定能够显达的人，就算退居深山中也还是能够做官。这是算命的术士常谈的话，并不是君子所推崇的道理。

君子会依靠义来对待命，却不会以命来危害义。君子如果能入朝当官就会去做官，如果不能做官也不会强求，不会把这称为命运。若能使人感受到快乐就去做，若使人感到忧虑就不要去做，又怎么能将其称为命呢？那些完全陷入谋取富贵而不能超脱的人，往往用命运的说法来自欺欺人，接下来将会有祸患发生，但他们却不能意识到这一点。这简直太可悲了！

解　析　　本篇是告诫士子不要把富贵显达看得太重，不要把什么事情都归之于命运。君子应当以义处命，不论自己处于什么样的境遇中，都不要做有违道义的事情。

求进于己

士当求进于己，而不可求进于人也。所谓求进于己者，道业学术之精是已；所谓求进于人者，富贵利达之荣是已。盖富贵利达在天而不可求，道业学术在我而不可不求也。况古之人不以富贵利达为心也，其所以从仕者，宜假此以行道也。道不行而富贵利达者，古人以为耻而不以为荣。呜呼！非诚有致君❶泽民之心者，其孰能与于此？

注　释　❶致君：辅佐国君，使其成为圣明之主。

译　文　　士人应当依靠自己来进取，而不应该依靠别人。所谓依靠自己，是指追求自己的道业学术更加精深；而依靠别人，则是以追求富贵显达为目的。人能否富贵显达大概主要看天意，无法依靠自己的意志去追求；而道业学术方面的追求则要靠自己的学习，所以不可以不去追求。况且，古时候的人做官也不是为了追求富贵显达的生活。他们做官是因为想用这个实践自己的治国之道。如果自己的治国之道没能得到推行而只是得到了富贵显达的生活，古时候的人是不会以此为荣，反而把这当成一种耻辱。唉，如果不是有辅佐国君、造福百姓的心思，又有谁能做到这样的程度呢？

解　析　　《求进于己》一篇主要是鼓励做官的人要将心思用在提高自己的能力上，而不要只是单纯地追求富贵的生活，并且指出古人做官并不是为了追求富贵，而是为了实践自己的学说。

风节

名节之于人，不金币而富，不轩冕而贵。士无名节犹女不贞，则何暴不从，何炎不附❶？虽有他美，亦不足赎也。故前辈谓：爵禄易得，名节难保。爵禄或失，有时而再来；名节一亏，终身不复矣。呜呼！士而居闲者能以此言铭其心，庶不易所守而趋势要❷哉？

注　释　　❶附：依从。

❷ 势要：有权势，身居重要官位的人。

译 文　　名节对于人来说，没有金钱却显得富有，没有官职却能使人显贵。士子没有名节就像女子没有贞节一样，那么他还有什么凌辱不会依从、权势不会奉迎呢？即使还有其他好的方面，也不足以弥补没有名节的短处。所以，前辈曾经说过：官爵和俸禄容易得到，但名节却难以保持。如果失去了官爵和俸禄，还能够再重新得到，一旦名节有亏损却是终身难以恢复。如果还没有当官的士子能把这句话铭记于心，又怎么会改变自己的操守而趋炎附势呢？

解 析　　《风节》一篇旨在呼吁尚未入仕的士子要注意自己的名节。一个人一旦失去了名节，再想要回到之前名节无损的时候就不可能了，所以不要为了追求功名利禄而抛却自己的名节。

《风宪忠告》四部丛刊本原序

曩[1]闻崇安令邹从吉甫能以忠信使民,民亦乐其治。予过崇安,会从吉,问所治何先,即出书一卷,曰:"某不敏,粗效一官者,此书之力也。"予阅其书,则相国张文忠公为县令时所著,采比古人嘉言善行,自正心修身以至事上惠下、摘[2]奸决疑、恤隐治赋,凡可为郡县楷式者,无不曲尽其宜,且简而易行,约[3]而易守,名之曰《牧民忠告》。及余客京师,尝于台臣[4]之家见所谓《风宪忠告》者,言风纪要务凡十章,亦公为御史时所著也。今年余谒闽海监宪庄公,出《风宪忠告》,将锓梓以广其传,俾[5]余序之。余得重观是书,则叹曰文忠真仁人也。仁者耻独善于己,己为令长,得牧民之道,欲使天下牧民之吏人人尽其道;己为宪臣,能振纪纲,慎举刺[6],言人所难言,欲使天下为宪臣者人人皆然。公其心于天下而不私其身,虽令尹子文[7]之忠不及此也。《传》曰:"仁人之言,其利博哉!"是书可谓仁人之言矣。时文忠公之子引来金闽宪,克济[8]世德[9]云。

至正乙未秋,林泉生[10]序。

注 释 ❶ 曩(nǎng):从前。

❷ 摘(tī):揭发。

❸ 约:简要、简单。

❹ 台臣:谏官,此特指元朝行御史台的长官。

❺ 俾(bǐ):使。

⑥ 刺：用尖锐的话指出别人的坏处。

⑦ 令尹子文：春秋时期楚国名相。为楚国的强大和北上争霸做出了杰出的贡献。

⑧ 克济：能成就。

⑨ 世德：累世的功德。

⑩ 林泉生：字清源，号谦牧斋，晚号觉轩，元福州永福人。文宗天历三年（1330）进士，累官翰林直学士、知制诰、同修国史。为文宏健，诗豪迈遒逸，闽中名士。

译　文　　我从前听说崇安的县令邹从吉能够用自身的忠信的品格来领导百姓，而百姓也很愿意接受他的治理。我经过崇安的时候正好碰到从吉，就向他询问是怎样进行治理的。他拿出一本书，告诉我："我虽不够聪敏，之所以能够勉强治理好一县，都有赖于这本书。"我翻看他的书，原来是济南张养浩先生做县令的时候写的。他的书文采斐然，堪比古人，且体现出其自身的高尚修养；以至于对上能够效忠，也能够使百姓得到实惠，揭发奸吏、解决疑案，使一县大治等等，凡是能够成为县令楷模的行为没有不详尽地记录于书中的；而且书中的内容都很简要，方便县令去践行和遵守，所以命名为《牧民忠告》。等我到京城暂住时，曾经在监察官的家中见到一本《风宪忠告》。这本书共十章，主要讲述的是监察官监察百官时的注意事项，是张养浩先生在监察官任职时所写的。今年我去拜会闽海的监宪庄先生时，他打算把《风宪忠告》刻板印刷以扩大其传播范围，让我来作序，我因此得以重新看到这本书，不得不感叹张先生真是有仁心的人啊！有仁心的人是不愿意只做到独善其身的。张先生自己做县令，懂得了如何做县令的道理，就想让全天下做县令的人都明白这个道理；他自己做监察官能够使朝廷的纲纪振兴，在指摘别人的问题的时候会小心谨慎，能够说出别人不方便说的话，就希望天下的监察官都能做到这样。张先生的心思都在如何为天下造福上而没有一点自己的私心，即使是像令尹子文那样的忠臣也比不过他。《左传》中说："有仁心的人说的话所带来的好处是非常大的。"这本书就可以称为是有仁心的人的话语。当时张先生的儿子张引来到闽宪任职，为《风宪忠告》的出版尽心尽力，成就了累世的功德。

林泉生于至正乙未年秋作序。

自律第一

　　士而律身，固不可以不严也；然有官守者，则当严于士焉；有言责者，又当严于有官守者焉。盖执法之臣将以纠奸绳恶，以肃中外，以正纪纲，自律不严，何以服众？夫所谓严，如处子之居室，一行一住、一语一嘿，必语礼法，厥德乃全；跬步有违，则人人得而訾**❶**之。苟挟权怙势，惟殖**❷**己私，或巧规子钱，或盗行盐贴，或荒耽曲糵**❸**，或私用亲属，或田猎不时，或宴游无度，或潜托有司之事，或妄兴不急之工，或旷官第而弗居，或纵家人而不检，于斯数者而有一焉，皆足为风宪之累**❹**。近年南北富民多起宅以居势要，因济己私，既有官舍则不必居于彼矣。夫朝廷以中台**❺**为肃政、御史为监察，以宪司**❻**为廉访者，政欲弥奸贪、戢侵扰，开诚布公，俾所属知所法也。今而若是，牧民之吏将焉法哉？且他人有犯，轻则吾得而言之；又重，吾得闻于上而戮之。己之所犯，其孰得而发哉？恃人不敢发，日甚一日，将如台察何？将如天理何？故余备载其然，俾为宪司者有则改之，无则益知所以自重。

注　释　　**❶** 訾（zī）：古同"咨"，嗟叹声。

　　　　　　❷ 殖：兴生财利。

　　　　　　❸ 曲糵（niè）：酿酒的曲，代指酒。

　　　　　　❹ 累：连及，连带。

❺ 中台：即尚书省。

❻ 宪司：负责调查疑难案件，劝课农桑，代表朝廷考核官吏等事，即后世按察司之职。

译 文　士人对自己的要求不可以不严格，而有官职的人对自己的要求应当比士人更严格；尤其是有进言职责的人对自己的要求要比有普通官职的人更严格。这是因为执法的臣子要惩奸除恶，肃清朝内朝外的不法之事，使纲纪稳固；对自己要求不严，又怎么能够让其他人信服呢？这就是所说的像未出阁的女子待字闺中时一样，不管是行走还是坐卧，不管是说话还是不说话，都要遵照礼法来做才是好的德行；哪怕只是违反一点规则也会招致周围人的叹息。如果监察官依仗自己手中的权势只顾着获取私利，不光是收受钱财、偷着贩卖盐铁、沉溺于饮酒、私自任用自己的亲属、打猎和游乐没有节制，甚至擅自以公家的名义为自己办事，随便兴建并不需要的工程，不在府衙内办公、居住，纵容自己的家人不知检点，以上几点只要有一样符合，都是担任监察官的忌讳，于其声名有累。近年来，南方和北方富裕的人家大多会盖起豪宅给有权势的官员居住，以满足自己的私欲。官员有官舍可住，就不用居住在那种地方。国家设置尚书省来清肃朝政，设立监察官来担任监察的职责，设立官员进行巡查走访，以此惩治奸恶的官员，解决案件纠纷，公开政务，使下属的官吏明白应当遵守的律法。而现在这样的情况，地方的官员又该怎样遵循法律呢？况且如果有官员犯法，所犯罪责较轻，那么我会对他提出警告；如果犯了重罪，我就会向上禀告，请求处死他。而如果我自己犯了罪，那么又有谁来揭发我呢？如果仗着没有官员敢揭发自己，就不把法律当回事，一日胜过一日的骄奢，那么又怎能做好监察官呢？又把天理放在什么位置？所以，我把这个道理的来龙去脉都详细地记载下来，希望监察官如果发现自身存在上述问题便注意改正，没有的话也明白自己应当在哪些方面约束自己的行为。

解 析　　《自律》一章指出身为监察官应当自律。监察官本就是为监察百官所设，而监察官之外又无官员再负监察之责。若是监察官依仗手中的权力贪赃枉法，同时又没有官员能够制约监察官，那么所带来的危害要远大于一般的官吏。也正因如此，作者提出士人应当自律，而官员对自己的要求应当严于士人，作为监察官员的监察官则要更严于一般官吏。

示教第二

　　甚矣，人之不可无教也！生如圣人，犹胥❶教诲、胥训告❷，况不能圣人万一者，可忽焉而不务哉？大抵常人之情，苟非其所惮，虽耳提面命则亦不足发其良心，何则？非所素服素畏故也。今夫庶司❸之职，为众所畏服者莫如风宪，诚因监莅于彼。或始上之日，会所属而勖❹之曰："彼之官，重者廷授，次者省授，又次则吏部授，大小虽殊，无非国家臣子。为人臣子，奸污不法，人孰汝容？夫纳贿营私，所得甚少，所丧甚多。与其事败治汝，曷若先事而教之为愈哉？吾之此言，虽曰薄汝，实厚汝也；虽若毒汝，实恩汝也。苟能如是谕之，吾知退而必有率德改行、易凶恶为善良者矣。且刑罚不足致治，教之而使不犯，为治之道莫尚焉。圣人谓不教而杀谓之虐，又闻治于未然者易，治于已然者难。近年刘伯宣为浙西宪使，疏真西山❺守令四箴播告所属，且曰：'近年执宪者惟知威人以刑，而不知诲人以善。'呜呼！刘公此言可谓仁人君子，深得风宪之体者矣。"

注　释　❶ 胥：重视。

❷ 训告：泛指训导告诫之类的文辞。

❸ 庶司：各官署、诸衙门。

❹ 勖（xù）：勉励。

❺ 真西山：真德秀（1178—1235），本姓慎，因避宋孝宗讳

改姓真；字实夫、景元、希元，号西山。福建浦城人，南宋后期理学家、名臣，学者称其为"西山先生"。

译 文　　非常重要啊！人实在不能不接受教化！生下来哪怕就是圣人，还需要接受训导和教诲，更何况连圣人万分之一都比不过的普通人，又怎么能忽视教化的作用呢？大概一般人的情况是，如果不是他所敬畏的，就算每天耳提面命也不能使他的良心呈现。为什么呢？因为不是他平日里所服从所畏惧的。现在的各个官吏中，最畏惧和服从的就是监察官一职了。这是因为监察官是负责监察百官的官员。在开始的时候，我碰到下属总会勉励他们："对于官员来说，最重要的职位会由皇上亲自指派，稍低一些的由中书省指派，再低一些的则由吏部指派。官职大小虽然不同，但都是国家的臣子。身为国家的臣子，要是贪赃枉法的话，谁又能宽恕你呢？贪赃枉法能够得到的东西很少，但失去的却很多，与其事情败露被治罪，哪比得过在事情发生前教育、阻止你们更好呢？我的这番话虽然听起来不好听，像是伤害你们，但其实是在厚待你们、帮助你们。如果你们能够像上述所说的去教导官员，那么一定会有遵守道德、改正错误、变凶恶为善良的官员。况且只是用刑罚来威吓别人是不足以实现大治的，只有通过教化让人不再犯罪才是治理政务的道理，不要只崇奉刑法的作用。圣人说过，如果没有经过教化就将犯人杀死的话就可以称作是暴虐了。我还听说通过防患于未然来实现治世是容易的，但要通过在罪案发生后才进行治理来实现治世是非常困难的。刘伯宣做浙西巡查使时手书真德秀先生'律己以廉，抚民以仁，存心以公，莅事以勤'四箴，以此传播告属下，而且说：'现在的执法者只知道用刑罚来处罚犯罪的人，却不知道教导别人向善。'啊！刘先生这句话可以说是真正的仁人君子之言，非常明白监察官一职的职责了。"

解 析　　《示教》一章主要提醒在任的监察官们不要一味地用刑罚去处罚犯罪的官员，在平时就要注意对官员进行教育，在犯罪发生之前就改正官员某些不好的行为，防患于未然才能更好地实现治世的目标。

询访第三

　　今为政者，往往以先入之言为主，非彼狃徇❶一偏，盖由不通上下之情故也。故通其情，莫如悉心询访，小而一县一州，大而一郡一国，吏孰贪邪，官孰廉正，何事病众，何政利民，豪横有无，风俗厚薄，既得其凡，他日详加综覈，复验以事，其孰得而隐哉？苟廉矣，即优之，礼貌之，荐举之，则善者劝❷矣。苟贪矣，虽极品之贵，即蔑之，威拒之，纠劾之，则为恶者惩矣。推而至于待士遇吏，亦莫不然。大抵一道之任，犹一家之务焉。善为家者，其子弟族属，下逮❸奴隶，其情性良否，皆所当知；一或不及，则将甘为所弄而不悟，久必致是非颠倒，以佞为忠，以贪为廉，以无能为有能，政令不行，而纪纲替❹矣。前辈有云："为宰相不难，一心正、两眼明足矣。"呜呼！彼长风宪者，其责任之重亦岂下夫宰相哉？若之，何不以前辈之言为法？

注　释　❶徇：顺从，曲从。
　　　　　❷劝：勉励。
　　　　　❸逮：到，至。
　　　　　❹替：衰落，废止。

译　文　　现在当官的人，往往把先听到的话当作是对的，并不是因为他只故意偏向一方，只是因为他并不了解此件事情的其他方面。想要全面地了解事情，就需要到处进行询访，小到一县、一州，大到一郡甚至一国，哪位官员贪污奸邪，哪位官员廉洁公正，百姓普遍忧心什么事情，什么样的政策对百姓有好处，地方上有没有豪强，各地的风俗是什么样，都要了解清楚；了解到大概情况后，日后再详细地核实，这样做事的话又有谁能向你隐瞒什么呢？如果官员廉洁的话，就要好好对待他，并且举荐他，这样好的官员会受到鼓励。如果官员贪污纳贿，就算他官位很高也要疏远他，威严地拒止他，纠察弹劾他，让作恶的官员受到惩罚。推广到与下属官吏相处的问题上，也是这个道理。大抵管理一道与管理一家的事务是一样的。善于管理家事的人会清楚地了解他的孩子、族人以至于仆从的性情，一旦有某一方面不够了解就会不明不白地被人糊弄，时间长了一定会导致是非颠倒，把奸佞的人当成忠诚的人，把贪污的人当成是廉洁的人，把没有能力的人当成是有能力的人，最终导致政令难以推行，朝廷的纲纪败坏。前人曾经说过："做宰相不难，只要心思公正、眼睛明亮就够了。"监察官所担当的职责之重又怎么会在宰相之下呢？既然这样，为什么不按照前辈的话去做呢？

解 析　　《询访》一章指出监察官要在持身公正的同时眼睛明亮，了解自己治下的所有情况，不要因自己某一方面没有了解到而造成黑白颠倒，最终有可能会酿成政务不通的大祸。因此，监察官一定要对各位官员的情况多加查访，且在之后的工作中也要对情况进行不断地核实。

按行第四

　　将家云：“多算胜少算，少算胜无算。”不特用兵为然，虽莅官临政，亦莫不尔。夫廉司所莅之处，一方官吏皆惕然^❶不自安。其所不安者，由彼为恶日久，恐人有以发而讼之一旦故^❷也。彼既内隐其恶，则必多方以求司官所亲之人而解之。夫司官所亲者，曰书吏焉，曰奏差焉，曰总领焉，曰祗候^❸焉。夫为人弥缝^❹私罪则何求不得？何请不遂？为司官者苟不深防预备，严为禁切，万一连己，悔将何及？若乃司官廉正，犹或庶几^❺；其或彼此胥贪，弊将焉救？于是乎有箕敛^❻者，有稇载^❼者，有篚笥^❽充者，有囊橐盈者，微至土地所宜，靡不搜刮。昔端州出佳砚，包孝肃^❾公出判于彼，及其代也，徒手而归。李及^❿知杭州，丝馈缕谒不逮门，由市《白乐天文集》终身以为慊^⓫。古人持身之廉如此，况在风宪，其所行州郡敢假分毫之物以自混哉？大抵宪长得人则司官不敢恣，司官得人则书吏不敢恣^⓬。抑闻各道公宴，司官、书吏、奏差同堂而坐，喧哗笑谑，上下不分，所以致彼操纵自如，百无忌惮。谚谓：“廉访司书吏之权。”即此观之，信匪虚语。诚能设法以禁之，盛威以临之，小有所犯即随以鞭扑。如此庶使精锐消沮，威福不张于外矣。凡初入风宪者，不可不知。

注　释　❶ 惕然：惶恐、忧虑的样子。

❷ 故：缘故，原因。

❸ 祗候：职官名。宋代祗候分置于东、西上阁门，与阁门宣赞

舍人并称阁职，祗候分佐舍人。元代各省、路、州、县分别设祗候若干名，为供奔走驱使的衙役。

④ **弥缝**：设法遮掩或补救缺点、错误，不使别人发觉。

⑤ **庶几**：差不多。

⑥ **箕（jī）敛**：用箕收取，谓苛敛民财。

⑦ **稇（kǔn）载**：以绳束物，载置车上。

⑧ **箧（qiè）笥（sì）**：竹编的箱子。

⑨ **包孝肃**：即包拯，"孝肃"二字是宋仁宗在包公死后赐给他的谥号，以评价肯定包公的忠孝一生。

⑩ **李及**：宋代大臣，曾任工部侍郎、御史中丞。据《宋史·李及传》记载，他清修自守，治下甚严。在杭州任职时，他厌恶当地奢靡的风俗，不购买当地的物产，离开杭州时，只买了一本白居易的文集。

⑪ **慊（qiè）**：满足。

⑫ **恣**：放纵，无拘束。

译 文　　兵家讲究多算胜过少算，少算胜过无算。不只是带兵打仗是这样，当官从政也是这样。巡查官员到的地方，当地的官吏都惶恐不安。他之所以如此，是因为在当地作恶的时间已经很长了，害怕有一天会有人向巡查的官员揭发提告。他既然想把所做的事情隐瞒下来，他就会找巡查官员亲近的人来疏通。巡查官员亲近的人一般是他的下属，包括书吏、奏差、总领和衙役。既然帮人隐瞒罪行，那么什么样的请求不能得到满足呢？巡查的官员如果不好好地防范此类事情，约束下属，防止他们和地方官员勾结，一旦事情败露，牵连到自己，必然会追悔莫及。如果巡查的官员清廉公正，还不会有什么大问题；但若巡查的官员也贪婪奸猾，那么官场中的这一弊端应当如何去除呢？于是，官员们苛敛民财，无所不用其极，凡是能用的物件都用来收敛钱财；凡是当地出产的东西，都将其聚敛而来。过去，端州出产的砚台很好，包拯从当地通判任上离开时却什么也没有带走。李及在杭州任知府的时候，凡是来送丝织品的人均不让其进门，只买了一本《白乐天文集》也就满足了。古人清廉到了这样的地步，更何况是担任监察官一职的人，他们到了地方上又怎么会收取一丝一毫的财物呢？大概监察官持身正，一般的官员就不敢放肆；官员持身正，他手下的书吏就不敢放肆。我也曾经听说过各地的长官和书吏、差役坐在一起，喧哗笑谑之中，完全没有上下级之分，导致书吏操纵官员的判断，且没有一丝一毫的忌惮。民谚称廉访司的职权都掌握在书吏手中。从这一方面来看，民谚中说的是实情。如果能够禁止书吏做这种越权、贪赃枉法的事情，以官长的威严来管理他们，稍微触及法律就严厉处罚，一定能够遏制住书吏操纵廉访司的情况。凡是刚刚成为监察官的人不可以不明白这个道理。

解 析　　《按行》一章主要是提醒监察官若与自己的属吏上下不分，会带来极为严重的危害。因此，监察官在自己持身公正廉洁的同时，一定要注意约束好自己的下属，唯有如此，才能发挥好监察官监察官员的作用。

审录第五

　　《书》曰："庶狱庶慎。"又曰："非佞折狱[1]，惟良折狱。"《易》谓："君子明慎用刑，而不留狱[2]。"呜呼！于以见圣人好生之心，与天地等矣。夫饥寒切[3]身，自非深知义理之人不敢保其心之无他，况蚩蚩之氓？为守牧者教养之不至，穷而为盗，是岂得已哉？古人有以灼其然，故为制也，恒宽而不亟促，恒哀矜而不忿疾。均之为盗也，而有长幼疏戚之分；均之为奸也，而有夫亡、夫在之殊。有疾则医药之，疾革[4]则释梏，入人而侍之。夫彼冥迷凶险之徒，既丽于理矣，何足缀意？而古人为制如此者，则其仁恕忠厚之情可见矣。昔欧阳公父治死囚之狱，求其生而不得则掩卷而叹，其言曰："夫常求其生犹失之死，况世常求其死哉？后之残忍者，一切不务而惟威刑之尚，谓其无茹冤而死者，吾不信也。"夫莅官之法无他，口威心善而已矣。口威，则欲其事集；心善，则不欲轻易害[5]物。况久系之囚，尤当示以慈祥。召之稍前，易其旧所隶卒吏，温以善色，使自陈颠末，情无所疑，然后参之以案。若据案以求其情，鲜有不误人者。盖州县无良吏，所以不敢信其已具之文，毫厘或差，生死攸系。故圣人谓："与其杀不辜[6]，宁失不经[7]。"又曰："功疑惟重，罪疑惟轻。"论囚之道尽于此矣，君子其慎诸。

注　释

❶ 折狱：判断案子。

❷ 留狱：稽延狱讼。

❸ 切：密合，贴近。

❹ 革：取消，除掉。

❺ 害：使受损伤。

❻ 不辜：无罪之人。

❼ 不经：不合常法。

译　文　　《尚书》中说："对待众多的讼案需要谨慎处理。"还提道："不让巧言善辩的人来判断案件，而让尊重事实的好官公正地断案。"《周易》中说："君子在审理案件的时候会很谨慎，但不会拖延案子的办理。"从这里就可以看出圣人爱护生灵之心与天地是一样的啊！当饥饿和寒冷发生在自己身上的时候，就算是深明义理的人也不敢保证自己不会产生其他的心思，更何况是一般的百姓？因为地方官员没有尽到教导百姓的责任，导致百姓因家贫而去做偷盗的事情，难道是百姓自己愿意的吗？古人会先了解事情的原委再对案件进行审理，要慢慢地调查了解，切忌匆匆忙忙地审理；要对犯罪的人有怜悯之心，不要过于愤恨。都是犯了偷盗罪的人，也有成人、孩童、自愿偷盗和不得已偷盗的区别；都是通奸的人，也有丈夫已经去世和丈夫还在世的区别。生了病的人就帮他医治，病重的就去掉刑具，让他家里人来照顾他。那些昏昧逞凶的人如果明白了道理，又有什么可担心的呢？从古人制定的这些律法足以看出他们的仁恕忠厚之情了。欧阳修的父亲在审理死囚的案件时，因为无法让犯人活下来而叹息。他说："想要他活着，但无法免除其死罪，更何况世人还都希望他死呢？残忍的官员，从不管案件中有什么样的内情，只崇尚使用严刑峻法威吓百姓。说他处理的犯人中没有含冤而死的人，我是不信的。"做官没有什么其他的治理之道，只不过是言语上威严，内心柔软罢了。言语上威严是可以做到令行禁止；内心柔软是不愿意因自己的草率而使人平白受冤。况且面对被关了很长时间的犯人，更要以慈祥的面目来面对他。把犯人带到自己面前，把之前审理他的狱卒换掉，温和地进行问询，让他把犯罪的过程仔仔细细说一遍，在确认没有什么可怀疑之情后，再与案件的卷宗相参考。如果直接根据卷宗上的记录来推测案情的话，大多时候会造成冤案。这大概是因为州县中的衙役大多并不秉公执法，不能相信他们已经记录在案的文书，其中哪怕有一点偏差就会关系到人的生死。所以圣人才说："与其杀死没有犯罪的人，宁愿案件的处理不那么符合法律的规定。"还说，"如果对一个人的功绩有疑问的话，就按照大的功绩奖赏；如果对一个人犯的罪有疑问的话，就按照轻的罪行来审判。"对囚犯处理之道都在这里了，君子要谨慎啊。

解 析　　《审录》一章主要讲述了案件的处理，提醒监察官员对待案件要谨慎。作者提出官员在处理案件时一定要向犯人询问其

　　所犯罪行，并与衙役记录的案卷相对照，尤其指出衙役的记录往往会有许多错漏之处。如果监察官没有经过谨慎地核实便轻易对案件下结论，往往会造成冤假错案。

荐举第六

　　夫士有公天下之心，然后能举天下之贤。盖天下之事，非一人所能周知，亦非一人所能独成，必兼收博采❶，治理可望焉。故前辈谓："报国莫如荐贤。"真知要之言哉。今夫富者之于家，有田焉，必求良农使之耕；有货焉，必求能商使之贾；有牛羊焉，必求善豢❷者使之牧。何则？盖彼拳拳❸于治家，故不得不求其人也。况受天下之寄，任天下之责者，乃不知求天下才共治之，岂其智之不若彼富者哉？由其为国之心未尝如其为家之心之切故也。于此有人焉，廉而且干❹，虽有不共戴天之仇，公论之下，亦不得而掩焉；苟非其人，虽骨肉之亲，公论之下，亦不得而私焉。世尝谓风宪非亲不保，非仇不弹；又有身为宪佐，风御史荐己就升者。呜呼！委以黜陟❺百官之权，授以仪表❻百司之职，乃不思报效，惟假之以行己私，人则受其欺矣，天地鬼神其受欺乎？大抵求而后举❼，不若不求而举之为公；识而后荐，不若采之舆议之为博。夫己不求贤，必使人之求己者，皆非也。盖求则不必举，举则不必识矣。故古人有闻而举者，有见而举者；有举仇者，有举亲者；有集为簿者，有拜其刾者，有书之夹袋❽者，虽其举不一，要极于公当无私而已。於戏！诚如是，则为相为风宪者安有临事乏才之叹！

注　释　❶ 兼收博采：广泛收罗采用。

❷ 豢（huàn）：喂养，特指喂养牲畜。

❸ 拳拳：恳切诚挚。

❹ 干：有才能。

❺ 黜（chù）陟（zhì）：官吏的升降。

❻ 仪表：准则，法式，楷模。

❼ 举：推选，推荐。

❽ 夹袋：衣服里面的口袋。

译 文　　做官的人先有为天下的公心才能举荐有才能的人去做官。天底下的事并不是一个人就能够全部了解，也不是一个人就能够办成的，必须广泛收罗人才，听取他们的意见，才能期待将天下治理好。因此前辈们说："想要报效国家没有比向国家举荐贤才更好的了。"这真是一句至理名言啊！现在家中富裕的人在治理家业的时候，如果有田地，一定会找擅于耕种的人来为自己耕作；如果有商品，一定会找擅于做生意的人来帮自己打理；如果有牛羊之类的牲畜，一定会找擅于饲养的人来放牧。这是为什么呢？是因为他们非常希望把自己的产业打理好，所以就会找这些能人来；何况是受到天下人的托付来承担治理天下之责呢？他如果不知道找有贤能的人来治理天下，他的智慧岂不是都不如那些富人吗？这是因为他治理国家的心思并不如富人治理家产的心思恳切。现在，有一个廉洁奉公且有才干的人，做官的人就算跟他之间有不共戴天之仇，站在国家的角度考虑，也不能因为自己的私心而不举荐他。世人曾议论说监察官举荐的人都是与自己亲近的人，监察官弹劾的人都是自己的仇人，而且还有监察官的属官，暗示监察官举荐自己。监察官掌握着管理官员升降和提出做官准则的职责，不想着报效国家，只想着利用权力来为自己谋取私利，人会受他的欺骗，难道天地鬼神还会受他的欺骗吗？如果经别人上门请求后再举荐，不如没有请求而举荐更公道。通过自己辨别后举荐，不如广泛采集周围人的看法来举荐更广泛。自己不去寻找贤能的人，等着别人来求自己推举，二者都不对。大概身为监察官，凡是到自己家中来求自己推举的人未必去推举，要推举的人也不一定认识。所以古时候的人，有的人听说了有才能的人就举荐他，有的人见到有才能的人就举荐他；有举荐自己仇人的人，有举荐自己亲人的人；有记到自己的簿册上的，有刻在木头上的，还有写到夹袋上的。虽然他们推举的方式都不一样，但都是为天下而推举人才，并没有自己的私心。如果都能像这样，那么监察官和宰相就不会再发出要处理事务时会有找不到人才的感慨了。

解　析　　《荐举》一章主要是提出监察官在举荐人才时不应当有私心，并以富者治家做比较，提出之所以监察官没有推举人才的原因是没有"公天下之心"，且只想着用自己手中的权力谋取私利。无论以何种方式举荐人才，只有一心为公，才不会出现"临事乏才"的情况，也才能将国家治理好。

纠弹第七

　　夫台宪之职，无内外远迩之分，凡有所知，皆得尽言以闻于上。虽在外，苟知居中非人，纠而言之，可也；虽在内，苟知外官者不法，纠而言之，亦可也。大率**❶**惟务尽公无私，斯得之矣。夫人之仕也，有贵近焉，有疏远焉。贵近者不少贷**❷**，则位卑而罪微者不待劾而艾**❸**矣。故前辈谓"豺狼当道，安问狐狸？**❹**"亦此义也。切尝谓荐举之体则宜先小官，纠弹之体则宜先贵官。然又当审其素**❺**行为君子、为小人。如诚小人，虽有所长，亦不必举。何则？其平日不善者多也。［如诚君子，虽有小过，亦不必言。何则？其平日之善者多也。］**①**况刑宪本以待小人。君子之过，苟不至甚殆**❻**，不宜轻易加之，使数十年作养之功扫地**❼**于一旦也。盖人才难得，全才为尤难得。昔赵清献**❽**公在言路，弹劾不避权贵，京师号为"铁面御史"。尝欲朝廷别白**❾**君子小人，其言曰："小人虽有小过，当力排绝之，后乃无患；君子不幸而有违误**❿**，则当为国家保持爱护以全其德。"於戏！赵公之言可谓深识远虑，真知大体之论矣。故余表而出之，以为当路者楷式。

注　释　❶ 大率：大致。

　　　　❷ 贷：宽恕，饶恕。

　　　　❸ 艾（yì）：治理，惩治。

---

① 该句四部丛刊本无，据仓田信靖本补。［ ］内为补字，本书其他地方同此。

❹ **豺狼当道，安问狐狸**：语出《汉纪·平帝纪》。意思是指豺狼当道伤人，消灭豺狼是当务之急，何必管那偷吃鸡的狐狸？比喻铲除恶人应当先除首恶。

❺ **素**：向来。

❻ **殆**：危。

❼ **扫地**：比喻除尽，丢光。

❽ **赵清献**：即赵抃（1008—1084），字阅道，自号知非子，浙江衢州人。进士及第后，历知州郡；宋仁宗时，官殿中侍御史（掌纠弹殿中百官朝会时失仪者）。官至资政殿大学士，以太子少保致仕，卒谥"清献"。

❾ **白**：清楚。

❿ **诖（guà）误**：因受他人连累而被查处。

译　文　　监察官的职责就是不分内处远近，也不管是在朝中任职还是地方任职，只要是自己知道的都应当向皇上报告。如果自己在外任职，了解到朝廷中的官员不称职，去弹劾他，是可以的；如果自己在朝中任职，了解到地方上有官员不按律法办事，去弹劾他，也是可以的。能做到完全为国家尽心，没有任何私心就可以了。官员中有在朝中位高权重的，也有在地方上的边远小官；在朝中位高权重的官员犯罪不稍加宽宥，那么，没有权势的小官即使犯了小错，还没等朝廷问责就自己反省、终止了。所以前辈所说"豺狼当道，安问狐狸"正是这个道理。我曾经私下说过，推举官员应从小官开始，要弹劾官员则要从高官开始。但是也应当审视其平日的行事作风，到底是君子还是小人。如果是小人，就算他有所擅长也不能推举，为什么呢？因为他平日里做过许多不好的事情。如果是君子，就算犯了小错也不用弹劾他，为什么呢？因为他平日里做过很多好事。况且刑罚方面的法令，本来就是针对小人制定的，如果是君子犯了罪，只要没有酿成大祸，不要轻易弹劾他，以免使其几十年的辛苦在一夕之间都没有了。人才是很难得的，尤其是全才更加难得。过去赵清献先生担当监察官之职时，弹劾人从来不会避开位高权重的官员，被人们称为"铁面御史"。他曾经希望朝中能够辨别君子与小人，说过："小人就算只是犯了小错，也应当坚决地处置他，这样以后才会没有祸患；君子如果不幸被他人所犯的罪连累，应当为国家而保全他，让他之前对高尚品德的坚守没有白费。"赵清献先生的这番话真是有很深的见地，为国家考虑得长远，这是有大见识的言论！所以我把这番话列在这里，把它作为监察官们应当遵循的规则。

解　析　　《纠弹》一章所述为监察官应当怎样推举和弹劾官员。首先，最重要的是官员个人的品德，其次才是其能力。监察官需要考察官员平素的行为，如果是君子，那么犯了小错也可以被原谅；但如果是小人，就算只是犯了小错也应当立即弹劾，使其不能再任职。当然，这里面有古代等级社会的认识局限，我们现在应当"以事实为依据，以法律为准绳"。

奏对第八

　　中外之官，莫难于风宪，莫危于风宪。曷[1]谓难？人所趋者不敢趋，人所乐者不敢乐，人所私者不敢私，所谓峣峣[2]者易缺、皎皎[3]者易污，非难而何？曷谓危？入焉，与天子争是非；出焉，与大臣辨可否。至于发人之奸、贬人之爵、夺人之官，甚则罪人于死地。一或不察，反以为辜[4]，则终身无所于诉，非危而何？然君子居其官则思尽其职，所谓危且难者，固有所不避焉。竭忠吐诚，置死生祸福于度外，庶上不负国，下不负所学。其或奏对于殿廷之上，平心易气，惟事之陈。理诚直，虽从容宛转而亦直；理诚屈，虽抗厉激切而亦屈。夫悻悻[5]其辞色，非惟有失事上之体，而于己于事悉无所益。古之攀栏断鞅[6]、曳裾轫[7]轮者，皆势危事迫，不得已而为之。苟事不至是，殆不可执以为法。前辈谓："忼慨杀身者易，从容就义者难。"体此而行，则蔑[8]有不从者矣。

注　释

[1] 曷（hé）：为什么。

[2] 峣峣（yáo）：形容性格刚直。

[3] 皎皎：洁白、清白的样子。

[4] 辜：罪。

[5] 悻悻（xìng）：愤恨难平的样子。

[6] 鞅（yāng）：原意为去了毛的兽皮，指套在马颈或马腹上的皮带，泛指牲口拉车时的器具。

❼ 轫（rèn）： 古代车不用时，为防止车轮滚动，需要在车轮前垫塞物件加以阻挡。常用木头削成楔形，塞在轮下。这块木塞，古人称为轫。

❽ 蔑： 无，没有。

译 文　朝廷内外的官员，无论是在朝廷中任职，还是在地方上任职，都没有监察官难做，也没有监察官危险。为什么难做呢？人们都追逐的东西，监察官不敢追逐；人们都喜欢的东西，监察官不敢喜欢；别人能够私藏的东西，监察官不敢私藏。所谓"清高刚直的东西易被折损，皎洁如玉的东西易被玷污"，怎么会不难呢？为什么危险呢？在朝中，要与天子争论事情的对错；离开朝堂，又要与大臣争论政策可否执行。监察官要揭发大臣作奸犯科的罪行，降低别人的爵位，剥夺别人的官职，甚至判人死罪。监察官一旦没有察觉到事情的真相，反而让自己获罪，终生都没有地方去申诉自己的冤情。又怎么会不危险呢？然而，君子处在监察官这样的官位，会想着要尽自己的职责，就算是面临危险和困难，也不应躲避。尽忠职守，不会考虑自己的生死和福祸。对上不辜负国家，对下不辜负自己所学。在朝廷中奏事时，要平心静气，只需把事实陈述清楚就好。如果有理的话，就算形态从容，语言宛转，仍然是有理；如果没有道理，就算言辞激烈也依然没有理。如果在朝廷上一副愤恨难平的样子，不仅是自己有失体统，而且对自己、对事情都没有任何帮助。

古时候那些抓住车栏杆，断开马脖子上的皮套，牵住衣襟以阻拦车驾前进的谏官，都是因为情势危急，迫不得已才做的。如果事情没有那么危急的话，不可以视为常用的方法。前辈说过，慷慨就义容易，但是从容赴死是很难的。体会这番话的意思再去行动，那么就没有不从容的了。

解 析　　《奏对》一章指出了监察官一职的困难和危险，其中困难表现在"三不敢"和"两易"上，危险表现在六个方面。因为监察官的职责是揭露官员的罪行，向皇上进谏，经常会与人争论是非，是一个容易得罪人的官职，稍有不慎，便会获罪。因此，监察官既要尽忠职守，将生死祸福置之度外。同时，作者也指出，监察官也要注意方式方法，不到万不得已不得采取激烈的措施，要平心静气，因为并不是言辞越激烈越有道理。

临难第九

　　夫人臣而当国家言责之任，刑辱之事不敢必其无有，要在顺处静俟，以理胜之而已。若乃求哀乞怜，惴❶謷无所，已先挠矣，何以自明？夫尽己之职，为国为民而得罪，君子不以为辱而以为荣。虽缧绁之，荆楚之，斧钺❷之，慵何愧哉？历观自古处祸患而不乱者，三代而下，如子路之结缨❸，宜僚❹之正色，［黄霸❺之在狱授书］①，王景文❻之与客弈棋，刘祎之❼自书谢表❽，魏元忠❾之闻赦不动，是皆有以真知义命所在，非区区人力所得而移❿也。然士君子平昔所养，［其深与浅］②，其情与伪，于焉可以见之。李斯临刑⓫，父子相泣；杨子云被收，投阁⓬几死；王坦之⓭与谢安齐名，桓温来朝，倒执手板；崔浩⓮自比子房，为辨史事，声嘶股栗，便溺不能隐。此可见彼惟事名耳，而于圣贤性命之学，实未尝得诸心也。善乎！韩文公之言曰："儒者之于患难，苟非其自取之，其拒而不受于怀也，若筑河堤以障屋霤⓯，其容而消之也，若水之于海、冰之于夏日；其玩而忘之以文辞也，若奏金石以破蟋蟀之鸣。"故君子之学，以明理自信为贵。

注　释　❶惴（zhuì）：又忧愁，又恐惧。

---

① 据仓田信靖本、嘉永四年本补。
② 据仓田信靖本、嘉永四年本补。

❷ 斧钺：借指重刑。

❸ 子路结缨：据《左传》记载，孔子的弟子子路担任卫国大夫孔悝的家臣，孔悝叛乱，子路不从而遭人攻击，帽带被砍断。子路认为"君子死，不免冠"，于是停止反击，绑好帽带，从容赴死。后用以表示从容就死。

❹ 宜僚：据《左传·哀公十六年》，熊宜僚是春秋时楚国的一名勇士，可敌五百人。楚国大臣白公胜作乱，命人将宜僚收入麾下。面对威胁利诱，宜僚既不为利诱，又不为威惕，终不从命。

❺ 黄霸：按《汉书·循吏传》，黄霸在西汉宣帝时担任丞相长史，与长信少府夏侯胜因事下狱。过了很久也没见行刑，黄霸就提议跟夏侯胜学习经术，夏侯胜以已获死罪为由拒绝了他。黄霸引用《论语》说："朝闻道，夕死可矣。"夏侯胜觉得黄霸说得很对，于是就教他学习《尚书》。后二人被大赦出狱。

❻ 王景文：指王彧，字景文，琅琊临沂人，南朝宋重臣。据《南史·王彧传》，宋明帝刘彧病重时，担心王彧外戚权重，自己死后不好掌控，于是派使者送诏书和毒酒去王彧府上。王彧正在和客人下棋，他看了一遍诏书之后，把书函封了起来，放在棋桌下面，面不改色，继续与客人弈棋。一局棋罢，王彧缓缓对众人说："皇上赐我一死。"门客劝他谋反，他不肯，研墨答书并谢赠诏，举起毒酒，边斟边对客人说："此酒不可相劝。"说罢饮药而卒。

❼ 刘祎之：据《旧唐书·刘祎之传》，刘祎之为唐代宰相，在武则天临朝称制时被人诬陷而下狱，唐睿宗为之抗疏申理，刘祎之的亲友都以为他能够被释放。而刘祎之认为自己必死无疑。等见到赐死的诏书后，刘祎之命其子执笔起草谢恩表。但其子不能成书，刘祎之神色自若，亲自起草谢表，援笔立成，

词理恳至，见者无不伤痛。

❽ 谢表：古代臣子感谢君主的奏章。

❾ 魏元忠：据《新唐书·魏元忠传》，魏元忠担任御史中丞时，为酷吏来俊臣所陷害而被判处死刑，临刑前神色不动。这时皇帝命大臣飞马前来免死，"刀下留人"的声音传遍刑场，其他犯人欢呼雀跃，只有魏元忠不为所动。

❿ 移：改变。

⓫ 李斯临刑：据《史记·李斯列传》记载，秦始皇死后，秦国丞相李斯为赵高所陷害，被判腰斩。临刑之前，李斯与其幼子抱头大哭，言："吾欲与若复牵黄犬俱出上蔡东门逐狡兔，岂可得乎！""黄犬之叹"就此而生，多指悔恨贪慕富贵而受到祸害。

⓬ 扬雄投阁：据《汉书·扬雄列传》记载，扬雄，字子云，为汉代著名的文学家，著有《蜀都赋》《甘泉赋》等。扬雄也作"杨雄"，因教过刘棻作古文奇字，等王莽称帝后被当作与刘棻等有牵连的人。办案的使者要抓他，此时扬雄在天禄阁上校书，怕不能逃脱，便从阁上跳下，差点摔死。后王莽下诏不再追究扬雄的责任。后世多用"扬雄投阁"等谓文人无端受牵连坐罪，走投无路。

⓭ 王坦之：字文度，东晋名臣、书法家。据《晋书·谢安传》记载，东晋简文帝死后，桓温率兵入京，谢安与王坦之率百官在新亭迎候。传言桓温设下伏兵，打算借机诛杀谢安及王坦之。当时王坦之十分害怕，并问谢安有何对策。谢安神情不变，称"晋祚存亡，在此一行"，和王坦之一起赴宴。王坦之惊慌失色，汗流浃背，紧张地连手版都拿倒了，谢安却举止如常。最终王、谢二人平安无事。王坦之当初与谢安齐名，众人至此才分出二

人的优劣。

⓮ 崔浩: 南北朝时期北魏的政治家、战略家。据《魏书·崔浩传》记载,北魏太武帝命崔浩等人编写魏国国史。崔浩等采集资料,秉笔直书,编写《国记》,记录拓跋氏的历史详备而无所避讳,并将《国记》刊刻在石碑上树立在通衢大路旁,引起往来行人议论。鲜卑贵族看到后,无不愤怒,指控崔浩有意暴扬国恶,太武帝下诏诛杀崔浩。崔浩在被送往城南行刑时,遭受极大侮辱:"卫士数十人溲(撒尿)其上,呼声嗷嗷,闻于行路。自宰司之被戮,未有如浩者。"

⓯ 霤(liù): 同"溜",屋霤指屋檐下的滴水。

译 文 　　作为臣下担当为国进言的职责,不一定没有受刑受辱的事,关键在于顺应形势,镇静地对待,用道理来使自己胜出。如果向人哀求讨饶,恐惧、忧愁,自己先屈服了,又怎么能证明自己的清白呢?如果尽到了自己的职责,就算为了国家和人民而获罪,君子不认为是耻辱,反而是荣幸的事情。即使被关进牢中,遭受酷刑,甚至身死,又有什么可愧疚的呢?从夏、商、周三代以来,翻看历代身处患难却临危不乱的人,像子路结缨而死,熊宜缭剑架在脖子上不动色,黄霸在狱中让夏侯胜教他《尚书》,王景文被赐死还在与人下棋,刘祎之临刑前书写谢罪表,魏元忠临刑听到赦书面不改色,都是因为他们明白自己的使命,不会轻易因外力而动摇。君子平日的修养如何,是真是假,在这个时候就可以看出来了。而李斯、扬雄、王坦之、崔浩等人,平时高谈阔论,一遇生死关头,便惊惧战栗，毫无风度。从这里可以看出，这些人读书知识停留在听和读的阶段，对于圣贤关于生命的道理并没有用心去体会。韩愈称赞韦处厚的话确为至理名言："尊崇儒学、通习儒家经书的人面对患难，假若其并非自己所招致的，将予以抵抗，但不挂在心中，就像垒起河堤来拦阻屋檐的水滴一样。患难会逐渐消失溶化，就像水对于大海、夏日里太阳对于冰一样。明白道理而忽略文辞优美，就像演奏金石器乐之音来减轻蟋蟀的鸣叫一样。所以君子的学问，是把明白道理放在首位。"

解　析　　《临难》一章所述是监察官在面临危难时应该如何自处。作者既列举子路、宜僚、黄霸、王景文、刘祎之、魏元忠等临难不苟的正面形象，又举出李斯、扬雄、王坦之、崔浩等平时高谈儒学而临危惊惧的反面例子；两相对比之下，高下立判。监察官即使在面临危难的情况时，应该坚持正义，守住自己的信仰。

全节第十

　　人之有死，犹昼之必夜，暑之必寒，古今常理，不足深讶。第为子死于孝，为臣死于忠，则其为死也大，身虽没而名不没焉。太史公谓："死有重于泰山，有轻于鸿毛。"非其义则不死，所谓重于泰山者；如其义则一切无所顾，所谓轻于鸿毛也。呜呼！夫人以眇焉之身、倏耳之年，使之嵩华耸而日星揭❶者，非节义能尔耶？况人之贵贱寿夭，天所素定，而谓附此人则得官，违此人则失官；言事则身危，不言则身无所患，此世俗无知者所见，士君子岂以是为取舍哉？然正直亦有时而被祸者，君子以为不幸；奸邪亦有时而蒙福者，君子以为幸。一以为幸，一以为不幸，则其是非荣辱不待别而可知矣。故节义者，天下之大闲❷、臣子之盛德，不荡❸于富贵，不戚❹于贫贱，不摇于威武。道之所在，死生以之。彼依阿淟涊❺、枉己徇❻人者，所谓无关得丧，徒缺雅道，政使获荣宠于一时。迨夫势移事易，其前日之荣，电灭风休，漠无踪迹，其昭昭在人耳目者，奸佞之名，千古犹一日，其为辱也，庸有既乎。呜呼！宁为此而死，不为彼而生，以是处心，庶无愧于古人矣。

注　释　❶ 揭：高举。

❷ 大闲：基本的行为准则。语出《论语·子张》："大德不踰闲。"

❸ 荡：清除。

❹ 蹙：紧缩。

❺ 涊（tiǎn）涩（niǎn）：污浊，流俗。

❻ 徇：顺从。

译 文　　人活着一定会有死亡的时候，就像有白天一定会有黑夜，有夏天一定会有冬天一样。这是从古至今的常理，没有什么可避讳的。如果做孩子的因为孝顺父母而死，做臣子的为君尽忠而死，死得非常有意义。虽然死了，却在世上留下了好名声。司马迁说："有的人死得比泰山还重，有的人死得比羽毛还轻。"因义赴死，所以死得比泰山还重；如果不是为义而死，那么他除了义什么都不顾及，所以比羽毛还轻。啊！凭借人这么渺小的身躯，匆匆几十年的光阴，如果不信守道义又怎么能像嵩山与华山一样高耸，像日月那样光辉呢？况且人是富有还是贫穷，是身居高位还是布衣，是早已天定的，说依附某人就能得到高官厚禄，违逆某人就会被罢官；揭露某事就会陷入危险，不揭露就没有事情，这是世间无知的人的认识。君子怎么会把这种标准作为取舍的根据呢？处事正直的人也会有被人陷害、遭遇祸事的时候，君子认为是不幸。奸邪的人也会有得到好处的时候，君子认为是侥幸。一种是不幸，一种是侥幸，是因为是非和荣辱的不同带来的。所以，守道义是天下的大法度，是做臣子所具有的最大的美德。不因富贵而动摇，不因贫贱而退缩，不因威武而屈服。这就是可以用生命去坚守的道义。如果人随污浊、流俗而动，改变自己的本心而去徇私，这就是所谓的得失之间，缺少了正道，只能得到一时的荣耀和恩宠。等到形势改变，那么他之前得到的荣华富贵就会如闪电熄灭、大风骤停一样，没有一点踪迹了。他留给后人奸佞的骂名，定会千古伴随着他，这种耻辱哪有尽头啊。所以宁愿为节操和义行而死，也不为苟且而生，以此作为内心的追求，大约可以无愧于古人了。

解 析　　《全节》一章主要是提醒监察官生死有命，且死有轻重，要为道义而死，不要为了追求荣华富贵导致自己最后被判罪，背负永世的骂名。因此士君子在担任官职后，应当注意追求道义，即使最后为此而身死也能留下美名。

卷三　庙堂忠告

修身第一

前辈谓："仕宦而至将相，为人情之所荣。是不知荣也者，辱之基也。"惟善自修者，则能保其荣；不善自修者，适足速其辱。所谓善自修者何？廉以律身，忠以事上，正以处事，恭慎以率百僚，如是则令名❶随焉，舆论归焉，鬼神福焉，虽欲辞其荣不可得也。所谓不善自修者何？徇私忘公，贪无纪极，不戒覆车，靡思报国，如是则恶名随焉，众毁归焉，鬼神祸焉，虽欲避其辱亦不可得也。於戏！身为宰相，何善不可行，何功不可立？顾乃为区区之利蛊惑而妄行，岂不深可惜哉！且自古居相位者，未闻死于冻饿，而死于财、于酒、于色、于逸乐者，无代无之。昔诸葛孔明为丞相，二十年无尺寸之增于家，未尝忧其贫，竟以劳于王事而卒，至今其名之荣，常若世享万钟而不绝者。唐元载为相，惟利是嗜，及其败也，籍没其家，胡椒八百斛❷，其名之秽，常若蒙不洁而播臭无穷者。呜呼！夫人以百年之身，天假以年不过八十九十。姑以八十为率，计其得志不过三四十年而已。岂有三四十年之间能食胡椒八百斛之理？古人谓利令人智昏，兹❸明验矣。呜呼！凡为相者，能以诸葛孔明为法，唐之元载❹为戒，虽台鼎❺终身，又何悔吝之有？

注　释　❶ 令名：美好的声誉。

❷ 斛（hú）：旧时量器，方形、口小、底大，容量本为十斗，

后来改为五斗。

❸ **兹**：这个。

❹ **元载**：（713—777），字公辅，凤翔府岐山县人，唐朝中期宰相，因独揽朝政、贪财纳贿被赐死。

❺ **台鼎**：古代称三公或宰相，言其职位显要，犹星有三台，鼎足而立。

译 文　　前辈说："做官做到宰相的位置，世情上会认为是值得荣耀的事情。这是不明白这份荣耀也是日后受辱的根基。"只有善于提升自身修养的人，才能够保住身为宰相的荣耀；不善于提升自身修养的人如果担任宰相，反而会加速自己受辱的进程。什么叫作善于提升自身的修养呢？能够廉以律身；忠诚于皇帝；处理事情的时候，能够保持公正；面对自己的同僚，能够谦恭谨慎。这样就能够获得好的名声，好的名声跟随着他，也能够获得神明的赐福，就算是他自己想不要这份荣耀都不可能了。那么，不善于提升自身修养的人又是怎样的呢？为了自己的私利而损害国家的利益，贪恋钱财不知满足，不以前车之覆为戒，不考虑如何报效国家。这样的话就会背负许多的骂名，连神明都不会保护他，就算他想逃避受辱也是不可能的。唉！身居宰相职位的人有什么造福百姓的事是他做不到的？有什么样的功劳是他不能建立的？为了一点蝇头小利而做事不顾法度，岂不是太可惜了！而且，自古以来，凡是成为宰相的人，从来没有听说有人是因挨冻、挨饿而死，但是死于财、酒、色和享

乐的宰相却每代都有。过去诸葛亮当丞相二十年，家中
都没有增加一丝一毫的财物，他也未曾为家中贫苦而忧
心，最终因为成就汉室的大业劳累而死，至今他仍然得
到天下百姓的称颂，就像世代享受万钟俸禄的人一样。
唐朝的元载当宰相的时候唯利是图，等到他败落的时候，
从他家中抄出八百斛胡椒。他从此臭名远播。啊！人生
一世，就算按长寿算也不过才八九十年，姑且按八十岁
来算，那么他得志的时间也不过才三四十年而已，哪有
三四十年间能吃掉八百斛胡椒的道理呢？从元载这件事，
就可以验证古人说的利令智昏了。凡是当宰相的人如果
能够以诸葛亮为榜样，而以唐代的元载为警戒，就算一
辈子位居三公或宰相这样的高位，又有什么可以悔恨的
事呢？

解 析　　《修身》一章指出为宰相者应当注重自身的修养，只有
时刻以报国为己任，不因私废公才能无愧于宰相之职。作者列
举出"善自修者"的四种表现、"不善自修者"的四种表现，
以诸葛亮和元载为例，指出一心为公和唯利是图二者的区别，
并号召为宰相者都要效法诸葛孔明。

用贤第二

　　天子之职莫重择相，宰相之职莫重用贤。然则，何以知其贤？询诸人则知之，察其行则知之，观所举则知之。夫为室而不众工之资，梓人[1]虽巧，室不能成矣；为国家而不众贤之集，相臣虽才，国不治矣。彼为相者，诚能开诚布公，廓焉无我。己有不能，举能者而用之；己有不知，举知者而用之；己有不敢言，举敢言者而用之。如是则彼之所能皆我有矣。必欲一身而兼众人之事，虽大圣大贤有所不能。夫粹白之狐[2]，举世无所有也，然而有粹白之裘者，善取于众而已矣。况大臣初不贵乎事无不知，第公正其心，无所媢[3]疾，则智者效谋，勇者效力。咕咕[4]以为才，捷捷以为辩，自炫自伐[5]，则贤者必不乐为之用。大抵人君自伐，则臣职有所不行；相臣自伐，则百执事之职有所不行。为人上者，操约以驭繁，居静以制动，以无心而应天下之心，则所令者从，所庸者劝。苟知其贤而任之，既任而疑之，而务胜之，顾与不知不用、自任其才也奚异？若然，则体统失而谄佞之小人至矣。与小人处，则天下之事不论可知。吁！

注　释　❶ 梓（zǐ）人：木工，建筑工匠。

　　　　❷ 粹白之狐：出自《吕氏春秋》："天下无粹白之狐，而有粹白之裘，取之众白也。"

　　　　❸ 媢（mào）：嫉妒。

❹ 呫呫（chè）：话多。

❺ 伐：自夸。

译文　　天子的职责没有比选择宰相更为重要的了，宰相的职责中没有比任用贤才更为重要的了。既然这样，那又该如何判断这个人是不是贤才呢？向大家询问，观察他平日的行事，看他举荐的人就可以知道了。如果建房子的时候没有其他人的协助，就算工匠的能力再强也无法建成。如果治理国家的时候不把贤才都征召出来，就算宰相再有才能，也无法治理好国家。当宰相的人果真能够开诚布公，坦荡无私，如果有自己做不到的事，就举荐能做到的人来做；如果有自己不知道的事，就举荐知道的人；如果自己不敢谏言，就荐举敢谏言的人。这样一来，那么那些人所拥有的才能也就相当于我自己拥有了。如果想要一个人拥有其他人的所有才能，就算是大圣大贤也做不到。天下没有纯白的狐狸，却有纯白的狐裘，这是从许多白狐狸的皮中取来制成的。况且对于宰相来说，最宝贵的并不是无所不知，而是有一颗公正的心，不会因别人有自己所不具备的才能而嫉妒。这样一来，有智谋的人会为他献计献策，有勇武之力的人会为他效力。如果宰相喋喋不休以为自己有口才，言辞敏捷以为自己有辩才，自吹自擂，那么有贤能的人一定不会甘愿为他所用。大体上如果君主是喜欢自夸的人，那么宰相一定有职能履行不到位的地方；如果宰相是喜欢自夸的人，那么其所掌管的官员中一定有未曾履行的职责。职位高的人用简约的规则来管理下属繁杂的事务，以静制动，以无心而应天下之心，那么他所发出的命令就会得到下属的贯彻执行，他所不擅长的事情下属也会积极进谏。如果宰相了解一个人的贤德并任用他为官，但让其任职后又对他有疑心，并一定要超过他，那么他与不能发现人才而只相信自己的人也没有什么区别。如果这样的话，就会失去体统而导致谗言献媚的小人乘虚而入了。若官场中都是小人的话，天下的事情就可想而知了。

解 析　　《用贤》一章指出宰相知人善任的重要性。首先，宰相要懂得任用人才。如果宰相把所有的事情都压在自己身上，那么不仅自己劳累，政务还难以处理好。其次，宰相要知人善任。宰相不仅要懂得识才，更要用人不疑。如果宰相用人而疑，那么与未曾任用也没有什么区别，甚至会导致天下奸谀横行，国家不治。

重民第三

　　盖闻古之王者授版❶则拜，切意万乘之尊，为其民贬抑若是，尝疑焉而不取。既而思之，国之所以昌，四夷之所以靖，朝廷之所以隆，宗庙社稷所以血食❷悠久者，微❸民不能尔也。夫天以亿兆之命托之君，君以亿兆之命托之相，是知相也者，为君乂❹民者也；君也者，为天为祖宗保民者也。天以是托我，祖宗以是托我，敢不敬与？敢不慎与？苟受其托而不能使之遂生安业，乃从而扰之、虐之，犬彘❺之，草菅之，则是逆天而违祖宗之命，以自戕❻其国也，而可乎？彼为民者故不敢与校，然于天之心、于祖宗之心，其能无所戚欤？尝谓爱民者无过于天，无过于祖宗。天生之难，祖宗得之为尤难。王者知其如是，凛凛❼焉，未尝不以民生为重，闻其害则除之，视其利则举之，牧守非其人则易置之。今夫鹰师❽圉人❾所掌者，不过人主服御之一物，而人尚以内侍重之。刺史县令乃为祖宗、为国家牧养斯民者，反视为不切而慢畀之，是爱民不如鹰犬，重内侍不如受祖宗国家一方生灵之寄者，岂不颠倒失体哉？大抵下之所以为，惟上是视。在上者诚有重民之心而天下不治者，古今无有也。

注　释　❶ 版：户籍。

　　　　　　❷ 血食：指受享祭品。古代杀牲取血以祭，故称。

　　　　　　❸ 微：无，非。

❹ 乂（yì）：治理，安定。

❺ 犬彘（zhì）：当做猪狗。彘，猪。

❻ 戕（qiāng）：杀害，残害。

❼ 凛凛：威严而使人敬畏的样子。

❽ 鹰师：驯鹰的人。

❾ 圉（yǔ）人：官名，掌管养马放牧等事。

译 文　　听说古代的君王在接受民众的户籍时会下拜。我曾经认为，以万乘之尊怎会向民众下拜，因此怀疑古书中的记载是错的。后来我又意识到，国家之所以能够繁荣昌盛，君主之所以能够平定四方，朝廷之所以会兴盛，宗庙社稷之所以能够长久延续，都是因为有民众的支持。天之所以会把亿兆民众的性命托付给君王，君王之所以会把亿兆民众的性命托付给宰相，这是知道宰相的职责是为君王保护好民众，而君王的职责则是为天保护好民众。天把民众的性命托付给祖宗，祖宗又把民众的性命托付给君王，君王又怎么能不恭敬和谨慎呢？如果君王受天和祖宗的托付却不能让民众安居乐业，反而让他们受到搅扰，像对待猪狗一样虐待他们，把人命看得像野草一样。那么就是在违背天和祖宗的托付，是自己败坏自己的国家，这样做可以吗？百姓自然是不敢与君王争理的，但是对上天之心、对祖宗之心来说，能不感到悲戚吗？我曾经说过没有比天和祖宗更加爱民众的了。上天生养人民是很困难的，而祖宗能得到天下更加难。做君王的了解这些事情，就会怀凛凛正气，以民众的生存为重，听到对民众有害的事就会马上将其铲除，看到对民众有利的事就会马上推行，如果地方官员不能治理地方就会马上将其罢免。现在宫闱中养鹰牧马的官员不过是负责君王使用的东西而已，人们都因其是在服侍君王而对其分外敬重。刺史和县令是为祖宗、为君王治理百姓的人，怎么反而怠慢、蔑视他们，这样对民众还不如对鹰犬。为祖宗和国家管理民众的刺史县令反而不如内侍，这不是本末倒置了吗？大概下属的所作所为，主要是看上面的眼色行事。如果君王能够有尊重民众的心思，治理不好天下，从古至今没有。那么就不会治理不好天下了。

解　析　《重民》一章指出君王必须要有爱民之心。宰相是"为君保民者"，而君王是从祖宗手中接过治理天下的重任的，应当以民众为重。上行下效，只有君王重视民众的生活是否过得好，官员才会尽心尽力地治理地方，国家也才能实现大治。

远虑第四

天下之事，知其已然，不知其将然者，众人也。因其已然，而将然未然逆而知之，非深识远虑者不能。室已焚而徙薪，舟已溺而市壶，疾已成而求艾，虽殚力为之无及矣。今夫隆然之堤有容蚁之穴，宜若无所损，然周于识者必塞而实之，虑其久而必底于讧溃❶故也。天下之事皆能如是虑之，尚何后患之有哉？大抵自古国家之所以不治，臣子之所以不轨，固非一朝一夕之积，良由今日以某事为小过而不谏，明日以某人为小罪而不惩，日引月深，不自知其祸乱之成也。故臣之于君，献可替否，而不敢萌一毫姑息之心。始以为无伤，卒至大可伤；始以为不足虑，卒至深可虑。惟君子为能见微知著，思患而预防之，于饮宴则防流连❷，于田猎则防荒纵，于营缮❸则防逾制，于货财则防损民，于爵赏则防僭❹及，于刑法则防滥杀，于君子则防疏远，于小人则防玩狎❺，于听览❻则防容奸，于征伐则防黩武。夫君之于臣亦有所当远虑者，虽爱而不锡❼以过分之赏，虽旧而不授以非据之官，虽亲而不交以亵渎之谈。盖尊卑之分严，则上下之体定；上下之体定，则祸乱无自而生，天下之事可次第而治矣。

注　释　❶ 讧（hòng）溃：毁败。其中，讧指因争吵而致溃败。
　　　　❷ 流连：贪恋玩乐而忘归。
　　　　❸ 营缮：土木工程的修建。

❹ 僭（jiàn）：古同"僣"，超越本分，指地位在下的冒用在上的名义或礼仪、器物。

❺ 狎（xiá）：亲昵而不庄重。

❻ 听览：处理政务。

❼ 锡：赏赐。

译　文　　大多数人只知道天下间已经发生的事，却不知道将要发生的事。只有深谋远虑的人，才能推知出将要发生的事。假若屋中起火后再把柴火移走，船沉之后再买葫芦，生病之后再求取艾灸用的艾，就算拼尽全力去做也难以做成了。现在高高的堤坝中有蚂蚁筑起的蚁穴，虽然看起来没有损害，但有见识的人一定会把这个洞堵住，因为其考虑到长此以往，堤坝的底部一定会崩溃。如果对天下的事都能这样考虑的话，还会有什么后患呢？大概自古以来国家之所以没有治理好，臣子之所以不守法度，并不是一朝一夕变成这样，而是长久积累下来的：大臣今日因为某件事只是一点小过错而没有向君主进谏，明日君主因某人只是犯了小的罪过而没有惩戒他，这样日积月累下来，在他不知道的时候祸乱已经酿成了。因此，对于君主来说，不论能否找到可以代替的人都不可以萌生姑息他的心思，刚开始的时候认为没有什么损伤，最后会导致非常大的损伤；开始认为没有什么值得忧虑的，最后会演变成很大的祸患。只有君子能做到见到很小的征兆就能想到日后可能导致的祸患，看到祸患就会想办法预防它。在宴饮的时候会防止流连忘返，在打猎的时候会防止太过放纵，在修建房屋的时候会防止超过规定的标准，防止买卖损伤民众的利益，防止赏赐下属时违背制度的规定，防止滥杀无辜，防止疏远君子，防止跟小人过于亲近，在处理政务时防止有奸佞钻空子，在征战中防止穷兵黩武。君王在面对臣子的时候也应当有长远的打算，即使喜欢也不能给大臣超越制度的赏赐，即使是自己的旧部下也不能没有依据地升官，虽然亲近但在与大臣谈话时也不能逾越礼法。只有严格限制尊卑关系，才能稳定上下关系的秩序，只有上下秩序确定好了，才能避免祸乱的发生，天下的事情才能按照次序一个接一个地处理好。

解　析　　《远虑》一章主要是提醒皇上与宰相都要谋远虑，不能放过任何一点微小的错误，否则都可能导致国家发生祸乱。在国家治理的过程中不能有一丝一毫违背礼法、律法的地方，不包容任何一点小错误，这样才能实现国家大治。宰相要对皇上忠心尽职，做到十个"预防"；皇上对宰相要做到"三不"。如果只是因为错误小便置之不理，那么日积月累就会演变成大祸患，在大家都未曾意识到的时候国家就已经败落了。

调燮第五

人皆曰"燮理[1]阴阳为宰相事"，然举世第能道其辞，迄不知阴阳何术可以燮理。按《书》周官三公"论道经邦，燮理阴阳"。盖周之三公即今宰辅。而汉丞相平亦曰："宰相上佐天子，理阴阳、顺四时。"厥后又有灾异，免三公之制。世俗所云，盖本诸此。切尝即是以思宰相所以调燮者，非能旱焉而使之雨，雨焉而使之旸[2]，要不越尽人事以来天地之和而已矣。夫天之与人若判然，而实相表里。盖政事顺则民心顺，民心顺则天地之气顺，天地之气顺则阴阳从而序矣。若乃怙势立威，挟权纵欲，恶人异己，谄佞是亲，于所言者不言，于所救者不救，上下相蒙，惟务从命，如此欲望民心顺、阴阳之气和难矣。大抵天道之灾祥视民心之苦乐，民心之苦乐视政事之失得，政事之失得视宰相之贤与不贤。昔丙吉[3]舍死人问牛喘，自以为得体，殊不知天道逆顺当于政事观之，固不在区区一牛之喘与否也。晋庾冰为相，或谓天文错度，宜尽消御之道。冰曰："玄象岂吾所恻，王当勤尽人事。"冰之此言，可谓简明切要，深得宰相之体者矣。苟政事修整，虽阴阳之和不应，乃天道之变也，又何慊焉？苟政事庞焉、棼[4]焉而不理，虽祯祥[5]集而风雨时若，顾敢以为治乎？呜呼！凡为相者诚能以是求之，则天人之理瞭然矣。

注　释　　❶燮（xiè）理：协和治理。《尚书·周官》记载："立太师、太傅、太保，兹惟三公，论道经邦，燮理阴阳。"

❷ 旸（yáng）： 本意是指旭日初升，引申义为晴天。

❸ 丙吉： 一作邴吉，字少卿，西汉名臣，为麒麟阁十一功臣之一。据《汉书·丙吉传》记载，丙吉担任丞相时，一次外出，碰上有人在打群架，死伤惨重。但丙吉经过时却不闻不问，他手下的掾史对此感到非常奇怪。过了一会儿，碰上有人赶牛。牛跑得气喘吁吁，上气不接下气，热得直往外吐舌头。丙吉见此情景，特地停车，询问赶牛人说："赶牛走了几里路？"掾史更加不解，认为丞相前后失问。有人因此指责丙吉。丙吉说："百姓斗殴死人，有长安令、京兆尹处理。我作为丞相只负责考察他们的政绩功过，上奏皇上，或论功行赏，或惩罚失职。丞相不过问小事，但正值春天，天气尚未炎热到酷暑难耐、大汗淋漓的地步。我看农夫赶牛走得急促，牛热得气喘吁吁，舌头都伸出来了，显然是受了湿热，牛会因为生病而影响农事。农业是天下的根本，农事受到影响，秋天就会歉收，百姓就要饿肚子，这是危害天下百姓的大事啊。我作为三公之一，自当忧国忧民，因此才过问赶牛之事。"掾史听后，这才心悦诚服，认为丙吉颇识大体。

❹ 棼（fén）： 纷乱。

❺ 祯祥： 吉祥的征兆。

译 文　　人们都说："调理阴阳是宰相的职责。"然而世人只能这样说说，却并不知其中的深意，不知道如何调理阴阳。按照《尚书》的说法，周朝三公的任务就是辅佐君王研究治国之道，经营治理国家，调理阴阳。周代的三公就是现在的宰相。汉代的丞相陈平也说过："宰相对上辅佐天子，调理阴阳，顺应四季的变化。"之后因发生灾异而免除了三公的官制。世人所说的话大概是从这里来的。我曾经依据这样的意思考虑，宰相之所以能调理阴阳：并不是大旱的时候能让天下雨，发生涝灾的时候能让天放晴，只是尽力做到人能做到的而让天下得以调和罢了。天和人看起来完全不同，但实质上互为表里。如果政事处理得顺利，那么人民就会拥戴朝廷，人民拥戴朝廷那么天下就会调和，天下调和那么阴阳秩序就不会混乱了。如果朝中官员倚仗权势向百姓立威，掌握权势只顾自己享受，别人与自己观点不同就排斥他，只亲近向自己谄媚的小人，在应当进言的事情上不进言，对于应当救的人也不救，欺上瞒下，只顾自己的利益。这样还希望得到百姓的拥戴、阴阳的调和那是太难了。大概天所降下的福兆和灾兆都是民心的苦乐，民心的苦乐则要看施政是否得当，施政是否得当则源自宰相是否贤能。汉代丙吉不问人的死活，而去问牛是喘还是不喘，自认为得体，却不知道天道秩序的混乱与否应当从政事的运行来观察，并不只是一头牛喘与不喘。晋代庾冰担任宰相的时候，有人说天象不好应当废弃政事，庾冰说："天象如何我虽无法推测，但是竭尽人事却是可以做到的。"庾冰这句话简明扼要，却是当宰相的至理名言。如果政事处理得好，就算阴阳的秩序不对应，这是天道的变化，有什么不满的呢？如果政事纷繁庞杂，就算天降祥瑞、风调雨顺，难道就敢认为是自己把国家治理好了吗？如果当宰相的人都能这样要求自己，那么也就是明白了天人之理了。

解 析　　《调燮》一章虽所述为调理阴阳，实则是提醒为宰相者应尽人事处理政务。对于统治者来说，如果能使百姓安居乐业，即使天象不好也不会影响其统治；相反，若宰相未曾好好处理政务，即使天降祥瑞，也最终难以保住国家。

任怨第六

　　夫为人臣，惟欲收名而不敢任怨，此不忠之尤者也。居庙堂之上，凡有所为，惟当揆❶之以义。义苟不失，悠悠之言奚恤❷哉？今夫两军之交，兵刃丛前，而心诚报国者尚冒之而不顾。夫临政之与临敌，其安危利害相距霄壤，此犹顾惜，抑不知于万死一生之际为何如？昔范文正公患诸路监司非人，视选簿有不可者，辄笔勾之。或谓一笔退一人则是一家哭矣。公曰："一家哭，其如一路何？"呜呼！如是处心，斯不负宰相之职矣。大抵天下之事，有易有难，有利有害。难而有害者，人多辞避；利而易行者，人多忻然❸以为。殊不知官有长佐之分，体有劳逸之殊。长者逸而佐者劳，此天地之大义也。以朝廷言之，君上逸而臣下劳；以一家言之，父母逸而子弟劳；以一身言之，头目逸而手足劳。呜呼！人而知此者，必不遗君父以忧，措其长于众怨之地矣。近代为执政者，往往姑息好名，一疾言厉色不敢加于人。事或犯众激，使居己之右❹者发之。呜呼！夫治家而使父母任其劳，为国家而使君长任其怨，尚得为忠孝乎哉？况有罪不责，有善不旌❺，虽三代不能为治。故刑罚不患于用，直患乎用之而不公。昔威公夺伯氏骈邑❻三百，没齿❼而无怨言；诸葛孔明废廖立，而立闻亮死，辄泣下。为宰相诚能公其心如是，则天下蔑有不服者矣。

注　释　❶揆（kuí）：揣测。

❷ 恤：对别人表同情，怜悯。

❸ 忻（xīn）然：高兴，欢喜。

❹ 右：古时候称等级高的。

❺ 旌：表扬。

❻ 骈邑：古地名，在今山东省临朐县。

❼ 没齿：终身，永远。

译 文　　做臣子的人只想要收获好名声，而不敢承受埋怨，这是最大的不忠。在朝廷中，不论将要做什么事情都要从是否符合道义这方面来考虑。如果没有舍弃道义，又怎么会怕众多议论呢？当两军交战的时候，即使面对前方的众多兵刃，只要是真心想要报效国家的人，必定会勇往直前。面对政事和面对敌人，在安危和利害方面相差霄壤，如果在处理政事的时候还顾惜自己，就不知道他在面对万死一生的境况时会做如何选择了。范仲淹在任时，担心担任各路监司的人不能胜任，从选官的簿册中发现有不能胜任的人就用笔将其姓名勾去。有人说一笔勾掉的虽然是一个人，但造成的是一家人的痛哭。范先生说："一家人哭比起一路人哭，又当如何呢？"唉！只有这样的态度才不辜负宰相的职责啊。大概天下间的事情，有的难，有的容易，有的对人有利，有的对人有害。困难并且对人有害的事情，人们大多会避开；对人有利且容易做的事情，人们大多会高高兴兴地去做。但是官员有长官和副手的区别，事情有劳累和安逸的区别。长官安逸而其副手劳累，这是天地间的大义。从朝廷来说，君主安逸而大臣劳累；从一家来说，父母安逸而孩子劳累；从人自身来说，头脑和眼睛安逸而手足劳累。做人如果懂得这个道理的话，就不会把值得忧虑的事留给君王和父母去解决，把他们推向遭人怨恨的境地了。近代当官的人，往往希望得到好的名声，一点不敢对别人疾言厉色。如果这件事会触犯众怒的话，就让自己的长官来发布。唉！在家中让自己的父母劳累，在朝廷中让君王和长官承担众人的埋怨，这可以称为忠、孝吗？况且如果有罪不惩治，有善行不为他宣扬，即使是在夏、商、周时代国家也治理不好。所以，并不是不能使用刑罚，只是担心不能公正恰当地使用刑罚。过去管仲剥夺伯氏三百户封邑，伯氏也没有怨言；诸葛亮废廖立，廖立听到诸葛亮去世的消息，立刻痛哭落泪。身为宰相的人如果都能这样心怀公道，那么天下就没有不服气的人了。

解　析　　《任怨》一章主要是提醒为官者不能沽名钓誉，要敢于担当，不可推卸责任。为官者应当主动承担责任，减轻长官的压力。只有为官者都承担起自己的责任，不怕得罪其他人，才能实现大治。同时，宰相也要公正处事，不可使忠直的人受怨。

分谤第七

　　夫共署联事，一人努力而前，则余者皆当辅相以成其志。苟彼前我却❶，彼行我止，动焉而不相随，语焉而不相应，则事功之成者能几？此古人所以有推车同舟之喻也。其或共舟以济，而一人溺焉，则凡在舟者无论疏戚，所宜并力以救之。此贤不肖之所共知也。况同为臣子，同受天下国家之寄者，可坐视一人被祸而不恤哉？使其为一己之私，自贻❷伊戚❸，固无足恤。其或知无不言，言无不尽。公家之务，一以大公至正处之，彼非为己为家而得罪，则凡同官者安得不挺身而前，与之共难也哉？大抵一人不幸而得罪，为长者若曰"此我之罪"，为贰者亦曰"此我之罪"，使阖堂之人皆争引为己罪，则彼获罪者虽不能释，亦必不至于重论矣。古之敢于谏争者，其遇不见听纳，至谓"与其杀此人，不若杀臣"。尚为如此求解，其肯坐视同官冤抑❹而不省哉？呜呼！使分谤❺引咎❻之事，为宰相者诚能力行于今，将见士大夫之名节愈厉，民间之薄俗可敦，而国家他日亦不患其无仗义死节之士矣。一事之行，所系如此，孰谓任怨分谤为宰相细行❼哉！

注　释　❶ 却：后退。

❷ 贻（yí）：赠送，遗留。

❸ 伊戚：烦恼，忧患。语出《诗经·小雅·小明》。

❹ 冤抑：冤屈；冤枉。

❺ 分谤：分担别人受到的诽谤。

❻ 引咎：把过错归到自己身上。

❼ 细行：小节。

译 文　　身处同一个衙门的同僚，如果一个人努力向前，那么其他人都应当帮助他实现志向。如果他向前我却往后退，他在行动我却停止，别人有什么行动我都不随他一起，相互说话也不呼应，那么又有几个人能把事情办成呢？因此，古人才会用一起推车和一起坐船来比喻。多人一起坐船渡河，有一人溺水，那么凡是在船上的人，无论他们认识与否都会一起去救那个人。这是无论贤能还是不贤能的人都知道的道理。更何况自己与同僚都是君王的臣子，都受国家所托来治理天下，怎么能看着一个人受到灾祸而不怜悯、救助呢？如果他是为了获取私利而导致的灾祸，那么自然没有什么值得怜悯的。应该采取知无不言、言无不尽的态度，把知道的情况真实讲出来。对于国家的事情应当以公正的心来处理。如果他不是为了自己、为了家人，而是为了公事而获罪，那么他的同僚们能不挺身而出，陪他一起渡过难关吗？如果官员不幸获罪，其长官争着说"这是我的罪"，而他的副手也争着说"这是我的罪"，整个公堂上的人都这样争着承担罪名，那么犯罪的那个人虽然不能免罪，但也不会被重判。古代敢于谏言的人如果碰到自己的建议不被采纳的情况，就会说"与其杀这个人不如杀了我"。他们对于陌生人都会这样求情，又怎么会坐视同僚被冤枉却什么都不做呢？啊！如果当宰相的人都能为同僚分担诽谤、分担责任的话，那么士大夫就会把名节看得更重，民风也会更加敦厚，而国家也就不担心找不到坚持道义、为名节而死的君子了。这件事的关系如此重大，谁说与同僚分担诽谤和责任是宰相做的小事呢？

解　析　　《分谤》一章主张官员应主动辅助自己的同僚，如果碰到同僚因公获罪的情况也要主动帮他分担责任。只有这样，朝廷中的风气才会好，民风也会更加敦厚。作者尤其指出：身为宰相更要注意与同僚分谤。

应变第八

事机之发，有常有变。常者，中人处之而有余；变者，虽上智亦有所不足。樽俎❶之下，卒然而报兵，遽然而闻寇，则当详其虚实，度其逆顺，殆不可一闻其言，辄仓皇上变，征发百出，未见敌而先自挠❷也。且事固有声，虚以钓实，乘间以拘利，传微为巨，以无形为有形，疑似之间，不可不察。若夫国有大奸，境有大敌，彼既非常，而吾则以非常之计备之。若乃泥文守经，终见动辄有碍，而事亦无所济矣。故古人遇此，权以济才，随宜应变，如丸转于盘而不出于盘，如水委曲赴海而不悖于海。王商❸闻大水之言，君臣皆惊而商独必其无事。桓温❹将移晋祚❺，声诛王谢，而谢安雍容谈笑以折其锋。回纥吐蕃合兵泾阳，郭子仪单骑以往喻。盖宰相者，非常之任也。居非常之任，独不能为非常之事，可乎？故前辈谓："镇定大事，非至公至诚不能。或死或生，举置度外。"呜呼！世常以大臣国家柱石者，其谓兹与！

注　释 ❶ 樽俎（zǔ）：盛酒和装肉的器皿，代指宴席。

❷ 挠：扰乱，阻碍。

❸ 王商：西汉后期大臣。据《汉书·王商传》，西汉成帝建始三年（前30）秋，京城长安盛传有大水将至，百姓惊恐，城中大乱。得知消息后，汉成帝立即召集公卿大臣在殿前商议

对策。大将军王凤劝成帝、太后以及后宫应准备船只，大水来时可以登船避难，通知百姓登上长安城墙来躲避水灾，大臣们也纷纷附和王凤的意见。唯独左将军王商坚决反对，他说："自古即便是再无道的国家，也没有大水突然漫过城郭的时候，况且如今天下承平，四海安定，怎么会无端发起大水呢？这一定是谣传，在这种敏感的时候，下令百姓登上城墙，反而会助长谣言，制造混乱！"汉成帝听了王商的话后，认为很有道理，消除了心中的恐慌。事后不久，城里也没见大水来，谣言不攻自破，城里的秩序也慢慢恢复了。调查下来，确实是传言失实。成帝对王商能力排众议很是赞赏。王凤因此事而十分羞惭，后悔自己莽撞失言。

❹ 桓温: 桓温及王谢事，见本书 144 页，《风宪忠告·临难第九》"王坦之"条注释。

❺ 祚（zuò）: 君主的位置，代指国家政权。

译 文　　国家出了事端，有正常发生的，也有非常发生的。正常的事端，中等才能的人处置也会绰绰有余；非常的事端，就是具有大智慧的人处置起来也会力有未逮。在宴会上突然听到报告，说是兵丁在境内遭遇敌寇。这时应详细考察是真消息还是假消息，揣度报告人心情的逆和顺，千万不可以一听到起了兵事便惊慌失措，向皇上报告事端发生，到处征发兵丁，还没有见到敌人就开始自乱阵脚了。况且，还会出现这样的情况：报告人或想用虚的得到实的，或乘虚而入的，或乘乱谋利的，或把小的传成大的，把无形的传成有形的，真真假假，不可不察。如果国家有大奸臣，而边境还有强大的敌人，这不是一般寻常的情况，那我们也用不一般的方法来应对。如果拘泥于书本，死守着经典，那么每一步行动都会遇到障碍，决策也就无法成功了。所以，古人一旦遇到这样的事情，就以权变辅佑才能，因地制宜，随机应变。就像丸子在盘子里转动却转不出盘子，像水流在重重阻碍中流入大海，并不会与大海背道而驰。在听到发洪水的报告时，汉代君王和满朝的大臣都感到惊慌，只有王商说一定不会有事。桓温要迁都，声称要诛杀王家和谢家，但谢安姿态从容，在谈笑之中就挫败了他的锐气。回纥和吐蕃的兵士聚集在泾阳，郭子仪一个人就前去宣旨。担当宰相之职的人，所承担的都是处置超出平常事务的责任。在处置超出平常事务的职位上，却没有处置这种事物的能力怎么行呢？因此，前辈才会说："平定大事端，非至公至诚做不到，必须时刻将生死置之度外才可以。"世人常常认为大臣是支撑国家的柱石，就是这个意思吧！

解　析　　《应变》一章指出要处理好突发状况并不是一件容易的事情。但宰相一职，却往往要承担处理国家中突发情况的责任。因此，应当给予宰相便宜行事的权力。同时，在面对突发情况时，宰相应当保持平和的心态，先核查清楚虚实，再寻找应对之法，切不可自乱阵脚。

献纳第九

人臣之纳言❶于君也，事未然而言之，则十从八九。无事，则游畋般乐❷，日相亲比。一旦有所不可，乃左遮右挽，极其力以救之，殆未见其济者。政使或允，亦必出于勉强，而非其本心。若夫善于纳言者则不然，或因进见，或因讲读，或因燕居，先事陈说，如是则国安，如是则国危；如是则为圣君，如是则为暴主。或引古昔，或援祖宗，必使之心悟神会，表里耸然，乃可陈善而无扞格❸之患。昔孟子三见齐王而不言事，曰："我先攻其邪心。"大臣事君职当如此。古人甚至有难于自言者，往往旁召耆年宿德❹置诸左右，使人君有所畏惮而不敢恣，则其为虑亦深远矣。虽然，臣之于君也，入则恳恳以尽忠，出则谦谦以自悔。凡所白于上者，不可泄于外而伐❺诸人，善则归君，过则归己，其若是者非欲远嫌避祸，大臣之体，所当然也。《坤》之六二，含章可贞❻，盖亦此意。尝见近代执政有所建白，呶呶焉惟恐人之不知，卒至谗谮乘之，中途见弃。《易》大系所谓"君不密则失臣，臣不密则失身"，谅哉。

注　释　❶ 纳言：职官名，掌传达王命。

❷ 游畋般乐：游玩打猎，大肆作乐。畋，打猎。

❸ 扞（hàn）格：相互抵触，格格不入。

❹ 耆年宿德：指年高有德者。

❺ 伐：自夸。

❻ 含章可贞：人有美德而不显耀，可以守持正固。

译文　　臣子向君主进言，如果在事情还没发生的时候就说出来了，那么十有八九君主会采纳。如果没有大事发生，就去游玩、打猎、作乐，君臣关系一天比一天亲近。一旦有事端发生，到了不说不行的时候，才阻拦、挽回，千方百计进行补救，没有见这样做有用的。即使进谏的内容被应允，也只是勉强的，而不是君主的本心。如果是善于进言的人就不会这样。有的人会在觐见的时候谏言，有的人会在为君王讲读的时候谏言，有的人则会在君主退朝之后进言。如果这样做，国家就会安稳；如果那样做，国家就会危险。如果这样做，就会成为明君；如果那样做，就会成为暴君。大臣进言，有的会援引古代的事例，有的会引用祖宗的话，一定要让君主心领神会，使他外表和内心都引起重视，这样才可以进言，而不使君王产生抵触情绪。过去孟子三次见到齐王却没有向齐王进言政事，反而说："我先使齐王消除不正当的念头。"大臣就应当如此侍奉君王。古人碰到自己不知如何进谏的时候，就会找德高望重的人安排在君主身边，让君主有所惧怕，不敢随意行动，这样的思虑是很深远的。即使如此，大臣在面对君王时，在朝廷中就应该尽忠，离开朝廷就应多多反省自己身上的不足。凡是向君王进言的内容都应对其他人保密，成绩应当归于君主，过错应当归于自己，这样做不是为了逃避灾祸，而是在做大臣的分内之事。坤卦六二的解释为含章可贞，应当就是这个意思。我曾经见到近年来的宰相一旦有所建树就到处宣扬，唯恐别人不知道，最后导致君主听信别人的谗言，导致好的政策推行了一半就无法继续推行下去。《周易·系辞传》所说的"国君说话如果不慎密，就会失去臣子；臣子说话如果不慎密，就会失去生命"，就是这样的。

解　析　　《献纳》一章指出大臣在向君主进言时需要注意方式方法，可以选择合适的时机，或者是请德高望重的人与自己一起进言。此外，本章中还指出，大臣进言后不可只顾吹嘘自己的功绩，否则只会导致自己被谗言所害，而政令也难以继续推行。

退休第十

　　博施兼善，士君子通愿也。然有志而无才，则不能；有才而无位，则不能；有位而不见知于上，则不能；见知矣而小人间❶之，则不能。呜呼！此士夫所以出而用世之难也。上焉耻其君不及尧舜，下焉思一夫不被其泽，若己推而纳诸沟中。世俗所乐，若声色❷、若宫室、若珍异车服之奉，一皆无有；其所有者，自顶至踵，天下国家之忧而已。为君上者诚能亮其如是之怀，凡有所言，优容喜纳，犹或庶几。其或疑其夺权违己，卖直售名，将见举动皆愆而身死无所矣。所以自古忠直为国者 [少] ①，阿容佞诈，惟己之为者多，此无他，盖由为己则有福而无祸，为国[则有祸而无福故也。呜呼！人君能以是思之，则凡尽忠于我者，万不至于谴责矣。虽然，圣人谓："道合则服从，不可则去。"为人臣者亦当烛几❸先见，退身于未辱之前，庶几君臣之间两无所慊。尝见前代为臣不免者，大率皆由知进而不知退，恋慕荣宠以致之，殆不宜独咎国家也。或谓不可则去，无乃于君臣之间太薄。窃谓君臣以义合者也，其所以合者非华其爵也，非利其禄也，不过欲行其道而已矣。道行则从而留，道不行则从而去，不使久而至于厌鄙诛窜❹之地，乃所以厚君臣之分也。奚薄焉？] ②

---

① 该句四部丛刊本无，据嘉永四年本补。
② 该部分内容四部丛刊本缺，据嘉永四年本补。

注　释　❶ 间：挑拨使人不合。

❷ 声色：歌舞和女色。

❸ 烛几：烛火照亮细微之处，喻能洞察先机。

❹ 诛窜：杀戮。

译　文　广施恩惠于百姓，是有学问而品德高尚的人都希望做到的。然而，如果空有志向却没有才能，就无法做到；有才能而做不了官，也无法做到；有官位了却得不到皇帝的赏识，也做不到；就算被皇帝赏识了，却被小人离间陷害的话，同样做不到。这就是有德操学问的人在世上难以受到重用的原因。对上，会为自己不能使皇帝成为尧舜那样的贤君而感到羞愧；对下，就会考虑到是不是有一个人没有受到恩泽，就像是自己把他推进了沟壑中。世间的人所喜欢的，像是美女歌乐，像是建造宫室，像是奇珍异宝、车马和服饰，君子都没有，全身从上到下有的只是对国家的忧虑。当君主的人如果真的能展示这样的胸襟，凡是人臣有所进言，都应当虚心地接纳，如果只是怀疑大臣想要谋取权力，或想要直臣的名声，那么大臣的任何举动都会被认为是罪过，那么大臣会因罪而死。所以，自古以来，忠诚、正直，为国家考虑的大臣少，阿谀逢迎、奸佞狡诈、只为自己考虑的大臣多。之所以会这样，没有其他的原因，只是因为考虑自己则只有福而没有祸，为国家则只有祸没有福。啊！皇帝如果能这样考虑事情，那么尽忠的大臣万不至于受到谴责了。虽然这样，圣人还会说："如果道相合，那么大臣就服从君王；如果道不相合就离去。"身为臣下，应当在受辱之前就有所预见，在没有受辱前辞去官职，使君臣之间没有怨恨。曾经见过前代的臣子，后来获罪，大多都是不知道功成身退，因为贪恋权势和恩宠，导致获罪身死，不应只把罪过归于国家。有人说如果理念不合就离开，那么君臣之间的感情太凉薄了。我认为君臣之间本来就是因为道义聚在一起的，并非高官厚禄，之所以为臣，不过是希望自己的政治主张能够得到推行。如果自己的主张能够得到推行就留下，如果不能就离开，不至于时间久了被厌弃鄙视，从而导致被流放或被杀死。这才是看重君臣的名分。怎么能说轻视呢？

解 析　《退休》一章认为为人君者应当有容人的气量和胸怀，即使不采纳大臣的进言，也不应因此治其罪。为人臣者应当尽力推行自己的政治主张，如果与君主理念不合，应当自行离去。若是大臣只顾贪恋权势，那么最后只会落得被治罪的下场。

《三事忠告》嘉永四年本后序

　　士生于时，学古入官，期得以尽其为政之要者，亦惟曰修身、立事、忠君、爱民四者而已。四者之行，求于古人，不师其迹而师其心，心同则志同，志同则道同，而所为之迹有不与焉？盖学古者，能于是乎求之，庶有以得之耳。予自拜官，于此数事，罔探万一于心，恒为慊。既得吾乡济南云庄希孟张先生《三事忠告》之书，观其所述，修身之则，行事之实，事君之忠，爱民之仁，与夫裁制应变之理，曲折去取之宜，靡不旁搜古今，穷究同异。诚有以关道元❶之会合，崇治化之根本，恢弘体制，敦尚民风，使凡仕者得以观感兴起，则正心修身必和而平，必顺而祥，推而用之，无往不达矣。是知先生心古人之心，以成是书而属望于后学者，为不浅也。心其仁矣乎！予惟勉力是书，求欲心先生之心也，胡可及哉？噫！有善而弗知，是不明也；知善而弗传，是不仁也。繇是❷谋诸同寅❸，谓："夫吾侪❹际遇文明，膏沐❺道化，且得相与注意是书，知善其善，皆能修省以敬其事，砥砺以全其节，岂非名宦中之乐乎？予将翻刻，不敢自私，何如？"众皆曰："俞。"于是，命工锓梓以广其传云。

　　　　　　　　　宣德六年辛亥夏四月望❻日，河南府知府，东鲁李骥序。

注　释　　❶ 道元：日本佛教曹洞宗创始人。本姓源，号希玄，京都人。十四岁出家。初学天台宗教义，后习禅宗。南宋嘉定十六年

（1223）来中国，从宁波天童寺如净（曹洞宗第十三世）受禅法。归国后，在越前（今福井县）建永平寺，作为日本曹洞宗根本道场。其坐禅要诀是"只管打坐"，后人称其禅风为"默照禅"。明治天皇追赐为承阳大师。著有《学道用心集》《普劝坐禅仪》《正法眼藏》等。

❷ 繇（yóu）是：繇，同"由"，于是。

❸ 同寅：同僚。

❹ 侪（chái）：同辈的人。

❺ 膏沐：恩泽。

❻ 望：农历十五日前后。

译 文　　士大夫生逢其时，通过学习古代典籍，入朝为官的士人，都希望能够掌握的为政之道理，也不过是修身、立事、忠君、爱民四点而已。关于这四点，在向古人学习的时候，不能只学习古人的行事方法，而要学习古人的用心，心同则志同，志同则道同。所做的事情怎么会和古人不一样呢？如果学习古人的人能够从这一方面进行探求，大概就能习得古人精髓了。自从我做官以来，在这几方面，一直从心里进行探究，但仍感到不满足。在我得到自己的同乡济南张养浩的《三事忠告》一书的时候，通览先生的论述，不论是修身还是处理公务，不论忠心对待君主，还是以仁爱来对待百姓，至于对于案件的处理和在官场中的应变，无不网罗了古今为官者的经验，仔细研究了其中的异同。他用道元领会佛法的方法，把治理国家、教化百姓推崇为根本，恢弘体制，使民风淳朴，入朝为官的人读了都观感兴起，继而能够以公正之心提升自己的修养，使自己心气和顺，再以此作为为官之道，推广起来没有实现不了的政治理想。这是因为张先生将古人做官的追求作为自己的追求，因此写成了这本书，期望后来做官的人能够实现天下大治的理想，真是用心深刻。先生有如此仁爱之心，我只能尽力使这本书传播出去，把先生的追求当作自己的追求。我做的这点小事又哪里追得上先生呢？有好的东西我却不知道，是不明白；知道了好东西的存在却没有把它传播出去，就是不仁了。与同僚一起商议，说道："我们既然处在文化昌明的时代，享受了大道的教化，而且都注意到了这本书，并且了解了这本书的价值。而且通过这本书，我们还能反省自身的不足，磨炼自己的节操，这难道不是做官的乐趣吗？我不敢把这本书私藏，打算翻刻出版，把书传播出去，大家认为如何？"同僚们都说好，于是我找了工人将这本书翻刻出版，以使其能更好地传播。

河南知府、山东人李骥在宣德六年四月十五日作序。

《三事忠告》嘉永四年本跋

　　夫政典、刑书，往往法吏之撰，在天下者汗牛充栋，漫不可数，率皆明刑弼❶教之言，弗容于议。然其忠君爱民之诚、莅事律己之要，切于身心，益于天下国家社稷生民者，未有若《三事忠告》一编之明且尽者也。《三事忠告》乃元齐东张文忠公云庄先生在官时所著也。先生为县，著《牧民忠告》；为台，著《风宪忠告》；既而入相，又著《庙堂忠告》。自少而壮而老，其为国为民，忧勤惕励之心，蔼然❷溢于文章、政事之间。其言浑成，其气节忠毅奋激，其立心制行，光明正大，不芥蒂，不诡随，真太羹元酒，服之自不觉饱醉人腹也，夐❸出寻常辈万万矣。我国初先正缙绅，序是编颠末，揄扬尽也。顾瑛浅薄，奚容复喙？第平日读先生之书审矣。饮先生之清风高节，独深且久矣，恨不获登先生之堂，聆先生之謦欬❹，而徒仰瞻于百载之下也。故不容于默默❺，予旧冬自商转蔡，蔡之乡进士张宗德出是编以示予。予惜其文之模蚀也，爰❻梓而翻刻之，使天下后世之为人相、为人牧者，履蹈之际以是为法程。故不揣固陋，掇拾数言尾于诸缙绅之后，特以记岁时耳。

正德十三年戊寅秋八月望，乡进士、文林郎、知上蔡县事长洲郑瑛撰。

注　释　❶ 弼：辅佐。

　　　　　　❷ 蔼然：盛大的样子。

❸ 敻（xiōng）：远，表示差别大。

❹ 謦（qǐng）欬（kài）：意思是咳嗽，借指谈笑。

❺ 默默：缄口不言。

❻ 爰（yuán）：于是。

译 文　　政典、刑书之类的书往往是掌管刑法的官吏所作，当今世上这样的书已经很多了，大多都是讲的律法、如何判罚以及辅佐教化的言论，是不容许别人议论的。但是这些书中，对于如何竭诚忠君爱民，在处理政务的过程中如何律己，对于自身至关重要，有益于国家社稷及百姓生活等内容，却都不如《三事忠告》一书中写得明白、详尽。《三事忠告》一书是元代济南的张养浩先生为官时写成。张先生在担任县令的时候写了《牧民忠告》，在担任监察官的时候写了《风宪忠告》，成为宰相后又写了《庙堂忠告》。张先生一生为国家、百姓勤于治理，忧国忧民的心思都从他的文章和对政务的处理过程中表现出来了。他的文章充分体现了他的气节和忠君爱民的心，他的心思和言行光明正大，他对其他人没有芥蒂，也不曾暗地里陷害他人。他的言论、文章就像太羹元酒一样真醇，喝起来没有个够，它能使人心中沉醉。先生的道德文章高出常人太多太多了。我朝成立之初，诸多为官的前辈都为这本书作序，极力赞扬宣传。我的见识浅薄，哪里能重复前辈的话为这本书作序呢？只好平日认真详细地读张先生的书罢了。我深深地感受到先生的高风亮节已经很久了，恨自己没有机会在先生身边聆听先生的教诲，仅仅能在百年之后瞻仰先生的遗作。因此，我不希望这本书默默无闻。我去年冬天从商地到蔡地，当地的进士张宗德把这本书给我看。我为这本书的文字已经模糊而可惜，于是将其翻刻出版，使得以后当县令或宰相的人，在处理事务时都能把这本书当作行为规范。我不揣浅陋，写一点读书心得，附在诸位前辈为《三事忠告》所写的序言之后。特意把这件事记录下来。

郑瑛于正德十三年八月十五日所作。

后　记

　　党的十八大以来，以习近平同志为核心的党中央高度重视中华优秀传统文化的传承发展。习近平总书记作出的一系列重要论述，为传承和创新发展中华优秀传统文化指引了方向。中华优秀传统文化中蕴含着丰富的治国理政智慧，作为古代中国居官格言的官箴，是中华优秀传统文化的组成部分。在中国古代留下的众多官箴中，元代张养浩的《三事忠告》尤其引人瞩目，有学者将其称作中国历代官箴中的扛鼎之作。

　　张养浩的《牧民忠告》《风宪忠告》《庙堂忠告》除被收入文集外，从所见三部著作的序文来看，元末、明初又有抄本及刊本单独流传。已知有：元顺帝后至元四年（1338）福建崇安县令高唐邹从吉《牧民忠告》刻本（彭炳为撰序）；元顺帝至正十五年（1355）福州路学宫《牧民忠告》刻本（福建闽海道廉访使宣城贡师泰撰序）；至正十五年福建闽海道监宪庄某《风宪忠告》刻本（林泉生撰序）；明洪武二十三年（1390）广东等处承宣布政使司左参议靳颢《庙堂忠告》刻本（有靳颢序）等。①

① 李修生：《张养浩著作考述》，《文学与文化》2015年第 1 期。

　　《牧民忠告》《风宪忠告》《庙堂忠告》三书合在一起是在明太祖洪武二十二年（1389）广西按察司金事扬州黄士宏合为一卷刻之，总题曰《为政忠告》，并有陈琏作序。当时序文中称为《为政忠告》，但是标题却称为《三事忠告》，可能是序文在以后重刻的时候被修改的。"广右宪金黄公士弘读而深喜之，曰：'三代之治，亦不过常伯、常任、准人三事而已。三事修而百职从而正矣。人有古今，理无古今，今之位三事者，讲而习之，则天下于变时雍，岂不由是而治之欤？'乃合三编为一，而题曰'三事忠告'，遂命工镂梓，以永其传，使已仕者有所规矩，未仕者为他日修治之地也。"①明宣宗宣德六年（1431），河南府知府李骥重刻，改名为《三事忠告》。这次改名参考了《尚书·立政》中"任人、准夫、牧"②三事和《诗·小雅·雨无正》中"三事大夫，莫肯夙夜"。③清代学者永瑢认为将《为政忠告》改名为《三事忠告》的原因是"盖明人书帕之本，好立新名，而不计其合于古义否也。相沿已数百年，不可复正。今故意同姓知名著录，而附订其乖舛如右"。④此外明朝还有隆庆元年贡安国刻本和芸叶轩刊本、郑瑛刊本和王士弘刊本。

　　据明代吴宽记载，张养浩的《三事忠告》曾被广泛刻印流传。"君至，以属吏不知为政，取前元张文忠公《三事忠告》

---

① 张士谔：《三事忠告序》，洪武二十七年刻本。
② 孔安国传、孔颖达等正义，黄侃经文句读：《尚书正义》，上海古籍出版社1990年版，第259页。
③ 毛公传、郑玄笺、孔颖达等正义，黄侃经文句读：《毛诗正义》，上海古籍出版社1990年版，第409页。
④ 永瑢等：《四库全书简明目录》卷八，华东师范大学出版社2010年版。

刻木传之。"①由于张养浩对政治经验的总结非常完备，还曾被人抄袭。"弘治元年（1488），徽州教授周成进《治安备览》，诏少詹事程敏政看详，敏政言其窃宋赵善璙《自警编》、元张养浩《牧民忠告》，诏以成狂妄，还其书，置不问。"②到了清代，《三事忠告》仍然受到高度重视。《四库全书总目》论《三事忠告》曰："养浩为县令时著《牧民忠告》二卷，凡十纲、七十二子目。为监察官时著《风宪忠告》一卷，凡十篇。入中书时著《庙堂忠告》一卷，亦十篇。其言皆切实近理，而不涉于迂阔。盖养浩留心实政，举所阅历者著之。非讲学家务为高论，可坐言而不可起行者也。"③

《三事忠告》在清朝随着考据学的兴起而得到了重视，也得到了校正和重刻。清初魏裔介单独将《牧民忠告》从《三事忠告》中摘出，开启了《牧民忠告》与《三事忠告》分开的先河。清代学者陆陇其曾记载："（康熙十四年三月廿一）午后，胡存古以江西熊飞渭、李基所刻元儒张养浩《牧民忠告》来。"此后滇南李文耕重新校对张养浩的《牧民忠告》。重刻《三事忠告》一书比较著名的有两次：一次是益都李文藻根据明合刻本，重刻于桂林，也就是贷园丛书本，其中里面的《牧民忠告》被单独收入《四库全书》；一次是道光辛卯历城尹济源收集到曲阜孔氏原绛云楼元刻本，倩郭兰石影写刊本，字迹秀雅，雕刊精妙，可惜传本甚少，世罕知之，

① 吴宽：《家藏集》卷七十六。
② 沈德符：《著述》，《万历野获编》卷二十五。
③ 永瑢等：《四库全书总目》卷八〇，中华书局 2003 年版。

原版存于尹氏碧鲜斋。此外还有"国朝柏乡魏文毅公曾刻其一种，……和费新桥方伯复刊于粤东，以故世多有其书。"[1] 其余还有道光卢氏芸叶轩重刊本、嘉庆章甫如不及斋本、丙章手刻本、江苏局本、同治苏州书局本。

《三事忠告》不仅在国内广为流传，还在朝鲜、日本得到流传，在海外也有相当的影响力。张养浩的牧民事迹及为官之道在朝鲜王朝传播甚广。朝鲜英祖五十年（1764）七月，沈定镇（1725—1786）为英祖讲读《续资治通鉴纲目》。其中，讲到元文宗天历二年（1329）张养浩赴陕西赈灾"祷于岳祠，一日三雨"时，[2]英祖很感兴趣，命沈定镇陈文之义。据沈定镇记载，其文义如下：

> 臣曰：张养浩一小臣，祷于岳祠，一雨三日，可见其一念之诚上通于天。而况为人君者对越在天，则其感通何如哉？故诚之为贵。故洪范所谓雨旸燠寒风应于肃乂哲谋圣者，其理必然也。一风一雨岂偶然哉？为人上者所宜体念也。[3]

---

① 王赠芳、王镇修，成瓘、冷烜纂：（道光）《济南府志》卷六四，凤凰出版社 2004 年版。

② 其内容为：元天历二年（1329）春正月……陕西大旱饥。陕西自泰定二年至是不雨，岁大饥、人相食，诏起张养浩为西台御史中丞，往赈之。先是，养浩弃官家居，七诏不起，至是闻命登车。即行道经华山，祷于岳祠，一日三雨。到官，复大雨，禾黍自生，秦人大喜。时斗米十三缗钞，稍缗即不永，诣库倒换，累日不能得，民大窘。养浩检库中未毁缗钞得一千八十五万，悉以印识其背，又刻十贯、五贯为券给贫民，命米商视印记诣库验数，易与新钞。又率富商出粟及奏行纳粟补官之令。闻民有杀子以啖母者，为之大恸，出私钱济之，且命出其肉，遍示闾府官属，责其不能赈贷。明商辂等修：《续资治通鉴纲目》卷二五，元文宗天历二年正月条。

③ 沈定镇：《书筵讲说》，《霁轩集》卷六，《韩国文集丛刊续编》第 89 册，第 126 页。

朝鲜王朝后期曾担任司宪府大司宪、刑曹判书的洪直弼（1776—1852）认为张养浩的《哀流民操》"词旨苦切"，为表示对张养浩悯民情怀的仰慕，特作《续流民操》。[①]19世纪80年代，曾任江原道都事、掌令的田愚（1841—1922）在探讨为官之道时，主张"宜存朱子皇恐之心，并行张氏赈济之政"，并分别作小注"朱子莅官，有盗贼以为吾郡何以有此，皇恐不寝，必捕戢而后已"，"张养浩在官，赈济饥民，务尽其心，有时拊膺痛哭，所活累万人"。[②]

《三事忠告》在日本也得到了重刊和收藏。自明代以后，《三事忠告》传入日本，成为江户时代政要的必读书籍。时至今日，仍被日本政经界领袖奉为汉学经典。清道光十三年（1833）重刊本收藏在东洋文库、东京大学东洋文化研究所、日本国会图书馆和尊经阁文库；日本江户天保五年（1834）官刊本收藏于京都大学图书馆、东洋文库、内阁文库；日本江户嘉永四年（1851）刊本收藏于日本国会图书馆。日嘉永四年官版书所据为清康熙二十四年张养浩九世孙张家声版本重刊，御书物师为出云寺万次郎。

《三事忠告》虽非长篇巨著，但作为张养浩从政经验和为官智慧的总结，非常实用。我们分析完《三事忠告》的内容，结合张养浩的生平履历来看，他真正做到了言行一致。张养浩

---

① 洪直弼：《续流民操》，《梅山集》卷二《诗》，《韩国文集丛刊》第295册，第86-87页。
② 田愚：《体言（二）》，《艮斋集·前编》卷一三《杂著》，《韩国文集丛刊》第333册，第50页。

以自己的行动，增强了他在书中所宣扬廉政思想的可信度，问世以来评价极高。明代李濂读《三事忠告》后，感触颇深："余读《牧民忠告》，深有取于'诚生爱，爱生智'之言，而又切切以立石颂德，建生祠以图不朽为戒，可谓切要之论。《风宪忠告》中谓，荐举之体宜先小官，纠弹之体宜先贵官。如诚小人也，虽有所长亦不必举，何则，其平日不善者多也；如诚君子也，虽有小过亦不必言，何则，其平日善者多也。诚如风宪者所当知。《庙堂忠告》谓，身为宰相何善不可行，何功不可立，顾乃为区区之利蛊惑而妄行，切中时弊，可谓有宰相之志者。"①张养浩的为政之道、工作方法、办案手段，今天读来，犹未过时。

习近平总书记在庆祝中国共产党成立 100 周年大会上的重要讲话中提出"两个结合"，即："坚持把马克思主义基本原理同中国具体实际相结合、同中华优秀传统文化相结合"，这是当代中国马克思主义理论的又一重大创新，也为哲学社会科学工作者提出了重大时代命题。作为中国古代的一部官箴，张养浩《三事忠告》有其局限性与不足之处，因此要坚持以马克思主义为指导，坚持取其精华、去其糟粕，坚持古为今用、推陈出新。要坚守中华文化立场，立足当代中国现实，结合当今时代条件，共同推动中华优秀传统文化的创造性转化与创新性发展，不断从中华优秀传统文化中汲取治国理政智慧。

呈现在读者面前的这部文白对照版的张养浩《三事忠告》，是以四部丛刊影元刻本为底本，参以《贷园丛书》本、《四库

① 李濂：《书三事忠告后》，《嵩渚文集》卷七十二，四库存目丛书。

全书》本、日本仓田信靖本等多个版本，加以点校、注释和翻译而成的。不当之处，还望专家学者及广大读者们批评指正。

编　者

2021 年 12 月 26 日